Martha P. Heinen

Kochen und leben mit den Fünf Elementen

Vitalität, Gesundheit und Lebensfreude durch das
traditionelle chinesische Ernährungssystem.
Die energetische Qualität von Lebensmitteln und
ihre Wirkung auf Körper, Seele und Geist

WINDPFERD
Verlagsgesellschaft mbH.

3. Auflage 1997
© 1984 by Windpferd Verlagsgesellschaft mbH, Aitrang
Alle Rechte vorbehalten
Umschlaggestaltung: Wolfgang Jünemann
Zeichnungen im Innenteil: Ute Rossow
Gesamtherstellung: Schneelöwe, Aitrang

ISBN 3-89385-132-1

Printed in Germany

Inhaltsverzeichnis

Dank

an alle, die mir bei der Verwirklichung dieses Buches
geholfen haben!

Meiner Mutter, die mich immer mit Nahrungsmitteln und Küchenutensilien experimentieren ließ, verdanke ich mein Interesse an Ernährung und Kochen. Sie war meine beste und geduldigste Lehrerin und verwöhnte mich viele Jahre mit liebevoll zubereitetem Essen. Mit ihrer Einstellung zum Kochen und Essen gab sie mir das Fundament, worauf sich meine heutige Arbeit stützt.

Von meinem Vater, der mich immer sehr ernst nahm, erfuhr ich viel über die ökologischen Zusammenhänge in der Natur und wurde auf bevorstehende Krisen, auf die sich die Menschheit zubewegt, aufmerksam. Er vermittelte mir durch seine achtsame Pflege unseres Gartens die Verbindung zwischen Mensch, Tier und Natur. Durch seine Arbeit erlebte ich die Erde, den Garten als unsere Ernährerin, die uns alles gab, was wir zum Essen benötigten.

Ich danke von ganzem Herzen Claude Diolosa, Begründer des Avicenna Instituts, der mich inspirierte, mit den Fünf Elementen zu kochen. Durch seinen Unterricht erhielt ich die Grundlagen und das Wissen aus der Traditionellen Chinesischen Ernährungslehre und Medizin, um dieses Buch zu schreiben.

Ganz besonders danke ich meinem Mann und meinen beiden Söhnen für ihre geduldige Begleitung während der Entstehung des Buches.

Einführung

Während meiner Suche nach einer Ernährung, die schmeckt, alle Sinne befriedigt, ein Maximum an Energie liefert und ein langes Leben in Gesundheit fördert, habe ich viele Empfehlungen ausprobiert. Ich erlebte direkt und bewußt, wie sich Nahrung auf mein körperliches und seelisches Befinden auswirkte.

Im Zeitalter von Fast Food, Tiefkühlkost und Mikrowellen und den degenerativen Erkrankungen des Menschen auf körperlicher und geistiger Ebene sowie der fortschreitenden Zerstörung natürlicher Lebensräume sehe ich eine Lösung vieler Probleme durch eine Ernährung, die in Harmonie mit der Schöpfung ist.

Global gesehen benötigen wir eine Ernährung, die alle Menschen sättigt, während das Individuum Nahrung entsprechend seiner Bedürfnisse braucht.

Meine Erfahrungen in Kochseminaren, Beratungen, als Hausfrau und Mutter haben mir das Zusammenspiel zwischen Ernährung, Gesundheit, Lebensfreude und Harmonie transparent gemacht.

Die Freude am Kochen und die Lust beim Essen waren konstante Begleiter, die mich sicher durch alle Ernährungsexperimente geführt haben.

Ich vertrete keine Diät, noch eine bestimmte Ernährungsform, sondern greife in meinen Empfehlungen auf das uralte traditionelle chinesische Ernährungssystem zurück. Das Polaritätsprinzip von Yin und Yang, die Lehre der Fünf Elemente und das Wissen um die geschmackliche, thermische und energetische Wirkung von Nahrungmitteln beinhalten grenzenlose Anwendungsmöglichkeiten. Auf der Basis dieses Wissens kann Ernährung als Genuß, zur Prophylaxe oder Heilung eingesetzt werden. Sie wird flexibel unserer Konstitution angepaßt und zum Ausgleich von klimatischen Faktoren ausgewählt und zubereitet.

In diesem Buch geht es um die Werkzeuge, die erforderlich sind, um sich in Harmonie mit der Schöpfung zu ernähren. Diese Werkzeuge sind Wissen und Kreativität. Derjenige, der weiß, wie Lebensmittel wirken, und sein eigenes kreatives Potential entwickelt, wird frei von Ernährungsaposteln, Diäten, Dogmen und Rezepten.

Ich wünsche mir, daß meine Anregungen die Freude beim Kochen und die Lust beim Essen steigern. Die Übungen im Buch helfen, alles in einem ganzheitlichen Zusammenhang zu sehen, Verbindungen zwischen den Naturelementen und unserem Organismus zu fühlen und die Sinne wiederzuentdecken.

Bitte verstehe die Affirmationen als Beispiele, die die eigene Inspiration anregen sollen, so daß Du die für Dich optimale Vorstellung integrieren kannst. Um ihre Wirkung zu verstärken, ist immer der wünschenswerteste Zustand hervorgehoben, Verneinungen fehlen ganz.

Viele Affirmationen verstärken die Bewußtmachung der Organfunktionen. In traditionellen Gesundheitssystemen werden die Organe des Menschen und ihre Funktionen in Verbindung mit Gemütszuständen und Emotionen betrachtet. Sie sind sozusagen lebendige Wesen, mit denen wir Kontakt aufnehmen können.

Daher besteht ein großer Teil der Übungen darin, unsere Organe wahrzunehmen und eine Verbindung aufzubauen.

Nach meiner Erfahrung gelingen Speisen besser und werden schmackhafter, wenn wir uns in einem inneren Zustand von Harmonie auf der körperlichen und der seelischen Ebene befinden.

Auch der Rezeptteil enthält Beispiele, um eigene Kreationen zu fördern. Es fehlen mit Absicht Maßeinheiten und Mengenangaben.

Rezepte und Empfehlungen ersetzen weder Medikamente noch eine ärztliche Behandlung!

1. Teil

Die Elemente, ihr Ursprung und die Verbindung zum Menschen

Übung 1

Schließe Deine Augen und lasse vor Deinem geistigen Auge einen Kreis entstehen. Visualisiere innerhalb dieses Kreises die Nahrungsmittel, die Du am liebsten essen möchtest. Worauf hast Du Heißhunger? Was ist Deine Lieblingsspeise? Vielleicht kannst Du bei dieser Vorstellung Farben, Formen und Gerüche wahrnehmen oder spürst sogar, wie Deine Speicheldrüsen aktiv werden und Speichel in Deinen Mund fließt. Laß Bilder und Empfindungen entstehen. Warte solange, bis Du eine klare Vision hast. Zeichne dann einen Kreis und in diesen Kreis Dein Bild. Mache Dir auch Notizen.

Benutze möglichst keine Symbole oder erkennbare Zeichen. Spiele statt dessen mit Licht und Schatten sowie mit harten oder weichen Linien. Habe Geduld. Beurteile nicht. Erlaube Dir, Dein inneres Bild auszudrücken.

Übung 2

Male wieder einen Kreis und teile ihn in zwei Hälften. Wähle eine dunkle und eine helle Farbe und ordne die Bestandteile Deines Bildes aus Übung 1 spontan je einer Kreishälfte und je einer Farbe zu. Es ist natürlich, daß Dein Verstand Dir jetzt vielleicht sagt, das weiß ich doch nicht oder das kann ich niemals. Warte, bis er Ruhe gibt. Schließe Deine Augen und verlasse Dich auf Deine Intuition. Vertraue auf das, was Dir spontan einfällt.

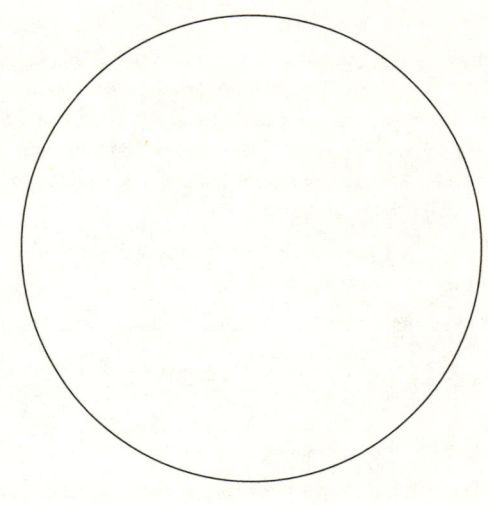

Whu Shi - der Kreis
Symbol für das Nichts, das ALL-EINE oder das Tao, aus dem alles
entsteht. Der Vateraspekt, das Geistige.

»Alles, was ist, ist entweder mehr das eine oder das andere. Aber: Keines kann sein, was es ist, ohne daß es das andere in sich trägt.

Beides zusammen ist das Ganze. Der Tag ist Tag, weil es die Nacht gibt; das Leben ist Leben, weil es den Tod gibt. Was ist wichtiger oder mehr wert?

Alle Wertungen sind nur »menschlich«, vorübergehend ...

Die Wahrheit ist das GANZE.

Alles hat seinen Gegenpol in sich. So wird aus dem einen immer das andere. Alles, was ist, ist in unaufhörlicher Bewegung, alles fließt, alles verwandelt sich in sein »Gegenteil«. Bei der Geburt beginnt die Verwandlung des Lebens in den Tod, mit dem Morgen ist bereits der Abend vorausbestimmt, in der faulenden Frucht sitzt schon der Keim zu neuem Leben.

Nur wer meint, festhalten zu können, leidet. Wer sich in den Strom wirft, wird von ihm getragen.

Wer weiß, daß nichts dauert, hält sich an die Wandlung.«

- Luise Rinser

»Am Anfang erschuf Gott Himmel und Erde, Finsternis und Licht, Nacht und Tag, Wasser und Feste.«

- Schöpfungsgeschichte der Bibel - 1. Kapitel

TAI CHI

Tai Chi ist Ausdruck der kosmischen Kraft des Tao, die alle Dinge hervorbringt, der gebärende Ursprung, das mütterliche Prinzip.

Yin-Yang
Die kosmische Kraft des Tao - das Tai-Chi-Symbol

Yin und Yang sind Symbole für das Polaritätsprinzip, die Dualität und die Welt der Gegensätze. Die dunkle Fläche repräsentiert Yin, die helle Fläche symbolisiert Yang. Die kleinen Kreise innerhalb beider Flächen zeigen, daß in jeder Seite schon der Keim für das Entgegengesetzte enthalten ist.

Die Manifestation aller Erscheinungen entsteht durch die Schwingung dieser beiden Kräfte. Immer sind sie in Bewegung, niemals statisch. Die Anteile von Yin und Yang wandeln sich mit jedem Augenblick.

Yin und Yang können wir uns als die zwei Grundprinzipien des Lebens vorstellen.

YIN	YANG
Bewegung nach innen	Bewegung nach außen
absteigende Energie	aufsteigende Energie
Kontraktion	Expansion
Erde	Himmel
Kälte	Hitze
dunkel	hell
schwer	leicht
flüssig	fest
weich	hart
feucht	trocken
unten	oben
innen	außen
weiblich	männlich
Nacht	Tag
Winter	Sommer
negativ	positiv
passiv	aktiv
langsam	schnell
empfangend	erzeugend
introvertiert	extrovertiert
Stillstand	Bewegung
Zerfall	Wachstum
Materie	Energie
Körper	Geist
Blut	Chi
Pflanze	Tier
Wasser	Feuer
Raum	Zeit
Zukunft	Vergangenheit
Körperinneres	Körperoberfläche

YIN UND YANG IM MENSCHLICHEN ORGANISMUS

Das Leben, unser Leben, unser Körper - er existiert, weil er sich wandelt, unaufhörlich. Unser Körper ist immer bestrebt, einen Ausgleich zu schaffen - zwischen Hitze und Kälte, Aktivität und Entspannung, Einatmung und Ausatmung.

Einen Mangel an Energie, Wärme und Feuchtigkeit, der sich durch das Empfinden von Müdigkeit, Hunger und Durst ausdrückt, gleichen wir durch Schlafen, Essen und Trinken aus. Das ist der Weg, wie wir unseren Organismus funktionstüchtig halten.

Das, worauf unser Leben basiert, nennt die traditionelle chinesische Ernährungslehre Substanz und Energie oder auch Yin und Yang.

Danach werden dem substantiellen Teil unseres Körpers, dem Yin, Blut, Lymphe, innere Körperflüssigkeiten und das Körpergewebe zugeordnet. Der Yang-Aspekt bezieht sich auf Energie, Wärme und Abwehrkraft. Wenn eine Ausgewogenheit von Yin und Yang in unserem Organismus besteht und alle Organe in Harmonie sind, fühlen wir uns gesund und im Gleichgewicht.

YIN UND YANG IN DER ERNÄHRUNG

Yin und Yang werden dabei als Symbole verwendet, um die Energie unserer Nahrungsmittel zu bestimmen. Durch die Kombination der Lebensmittel und die Art und Weise der Zubereitung kreieren wir die energetische Qualität der Speisen.

Die Auswirkungen äußerer Faktoren wie Klima, Jahreszeit und Umgebung auf unseren Organismus können wir durch die Auswahl und die Zubereitung der Nahrung ausgleichen. Wir tun das, indem wir die Speisen yangisieren oder yinisieren, um den gewünschten optimalen energetischen Zustand zu erzeugen. In der kalten Jahreszeit können wir uns durch die Nahrung Wärme zuführen, an heißen Tagen kühlende Speisen, Kombinationen und Zubereitungsarten wählen.

Übung 3

Zeichne wieder einen Kreis und vierteile ihn. Stelle Dir den Kreislauf der Jahreszeiten vor: Frühling, Sommer, Herbst und Winter. Schließe Deine Augen. Wann sind die Nahrungsmittel Deines Bildes aus Übung 1 und 2 gewachsen? Ordne sie dementsprechend vierfarbig ein. Welches Lebensmittel ist für Dich das wichtigste? Worauf kannst Du nicht verzichten? Gib diesem Deine Lieblingsfarbe und stelle es in die Mitte Deiner Zeichnung.

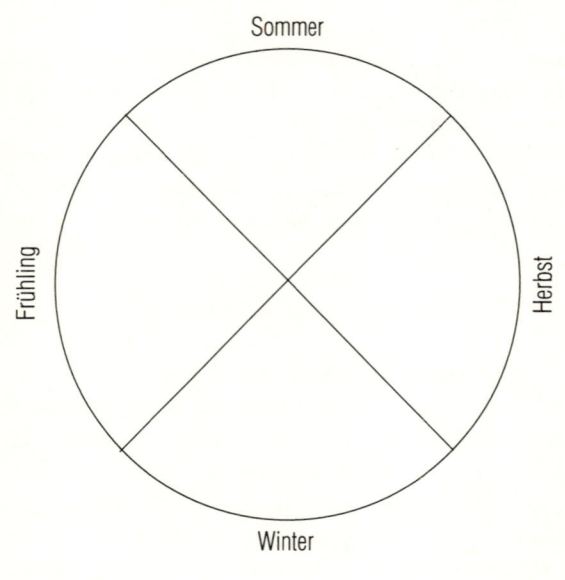

Unser Kochergebnis ist optimal, wenn ein größtmöglicher Ausgleich aller Kräfte und einwirkenden Faktoren entsteht. Dann ist die Speise ausgewogen und harmonisch. Wir haben sie in eine Mitte gebracht.

WENN ES KALT IST, WENN WIR FRIEREN –
WÄRMENDE FAKTOREN ALS AUSGLEICH BEI KÄLTE:
Feuer
längere Kochzeit
Braten und Grillen
Kochen mit Alkohol
erhitzende und erwärmende Nahrungsmittel
Kräuter und Gewürze
Fleisch
warme Speisen
warme Getränke

WENN ES HEISS IST, WENN WIR SCHWITZEN –
KÜHLENDE FAKTOREN ALS AUSGLEICH BEI HITZE:
kein oder wenig Fett
kalte und kurzgekochte Speisen
kühlende und erfrischende Nahrungsmittel, Kräuter
und Gewürze
Rohkost, Keimlinge
Obst, Südfrüchte
Nachtschattengewächse
Meeresgemüse
kalte Getränke

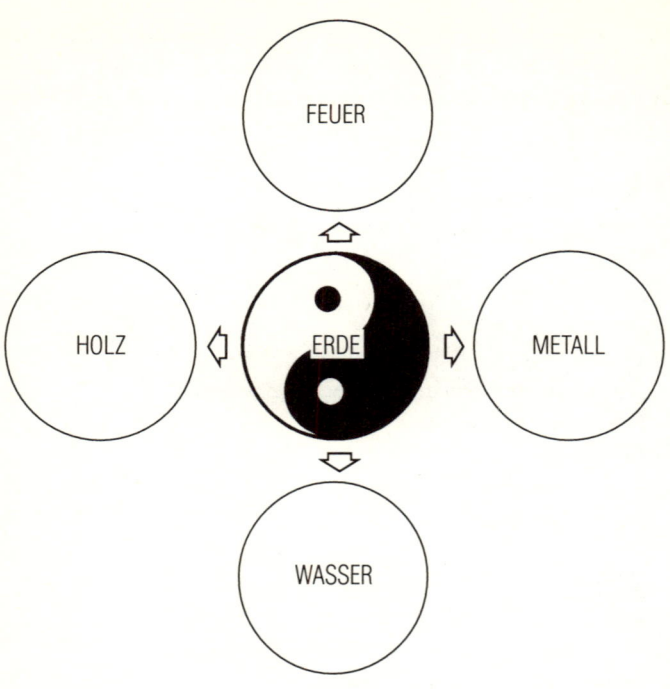

Aus Whu Shi (dem Kreis) ist Tai Chi (das Yin-Yang-Symbol) entstanden, woraus sich Wu Shing (die Fünf Elemente) bildet

Die Elemente Holz, Feuer, Metall, Wasser und Erde ergeben sich aus Yin und Yang. Das Element Erde bildet hierbei die Mitte, das Zentrum, durch das sich die anderen Elemente ausdrücken können. Analog zu diesem traditionellen chinesischen System kennen wir westliche Systeme mit den Elementen Feuer, Erde, Luft und Wasser (Astrologie). Das chinesische System ist in bezug auf Ernährung ein umfassendes, ganzheitliches System, das seit mehr als dreitausend Jahren überliefert wird. In den Überlieferungen der Essener, im Buddhismus und in der Anden-Kultur finden sich weitere Hinweise auf die Vorstellung von Elementen. Auf dem Fries des Sonnentores von Hiwanaku und des Monolithen Wirakocha deuten Kona = Urfeuer, Kocha = Urwasser, Tiki = Urerde, Wari = Urluft und Wira = Äther in ihrer Anordnung auf Bewegung hin. Der Äther, das Element, in dem alle anderen Elemente enthalten sind, repräsentiert hier, wie auch im Buddhismus, das göttliche Prinzip. Die Spitze buddhistischer Stupas, die sich aus den Formen Quadrat = Erde, Kreis = Wasser, Dreieck = Feuer, Halbkreis = Luft zusammensetzen, bildet eine Flamme als Symbol der lebendigen Energie oder des Äthers. Den Fünf Elementen können alle Dinge und Zustände zugeordnet werden (siehe dazu auch Seite 22-23).

DIE JAHRESZEITEN

In der natürlichen Reihenfolge des Jahreszeitenzyklus können wir erkennen, daß sich die einzelnen Elemente in ständiger Bewegung und Wandlung befinden.

Frühling, Sommer, Herbst und Winter ereignen sich, da es eine Energieausdehnung (Yang) vom Winter zum Sommer gibt und da eine Energieansammlung (Yin) vom Sommer zum Winter stattfindet. Nachdem sich im Winter alle Kräfte zu ihrem Ursprung zurückgezogen haben, bewegt sich das Qi (Lebensenergie) im Frühjahr aufs neue. Die Pflanzen sprießen und wachsen. Es bilden sich aufgrund von mehr Licht und dem Ansteigen der Temperatur die grünen Blätter. Durch diese Bewegung entsteht Reibung, die die Hitze des Sommers erzeugt. In der Pflanzenwelt kommt es jetzt zur Blüte. Danach findet eine Abkühlung statt, die eine Kondensation der Feuchtigkeit bewirkt. Die Pflanzen reifen, und ihre Säfte kehren wieder zu den Wurzeln zurück. Es ist die Zeit der Ernte. Die Blätter an den Bäumen vertrocknen und fallen ab. Eine anschließende Verdichtung der Säfte führt im Winter zu einer Kristallisation und Speicherung der Substanz. Samen, Kerne, Nüsse und Getreide sowie Lager- und Trockengemüse können nun eingekellert werden.

WHU-SHING-TABELLE

TRANSFORMATIONSPHASE	HOLZ	FEUER
ENERGIEQUALITÄT	kleines Yang	großes Yang
JAHRESZEIT	Frühling	Sommer
ENERGIETENDENZ	aufsteigend	ausdehnend
PFLANZENWELT	säen, wachsen	blühen
TAGESZEIT	Morgen, 3-7 Uhr	Mittag, 9-13 Uhr
KLIMA	Wind	Hitze
HIMMELSRICHTUNG	Osten	Süden
PLANET	Jupiter	Mars
ZAHL	8	7
EVOLUTION	Anfang	Wachstum
LEBENSSTUFE	Geburt	Jugend
PHYSIKALISCH	Energie, Qi	Zeit, Hitze
EDELSTEIN	Türkis	Granat, Rubin, Rotkoralle
FARBE	grün, hellblau, türkis	rot, orange, pink, rosa, lavendel

WHU SHING -TABELLE

ERDE	METALL	WASSER
goldene Mitte	kleines Yin	großes Yin
Spätsommer, Dojo	Herbst	Winter
sammelnd	zusammenziehend	kristallisierend
reifen	ernten	konservieren
4 kostbare Stunden	Abend, 15-19 Uhr	Nacht, 21-1 Uhr
Feuchtigkeit	Trockenheit	Kälte
Mitte	Westen	Norden
Saturn	Venus	Merkur
5	9	6
Höhepunkt	Rückbildung	Stillstand
Erwachsensein	Alter	Tod
Erdanziehung	Druck	Form
Bernstein, Gold	Mondstein, Jade, Silber	schwarzer Onyx, schw. Bernstein
gelb, braun, gold	weiß, grau, silber	schwarz, dunkel-blau, violett

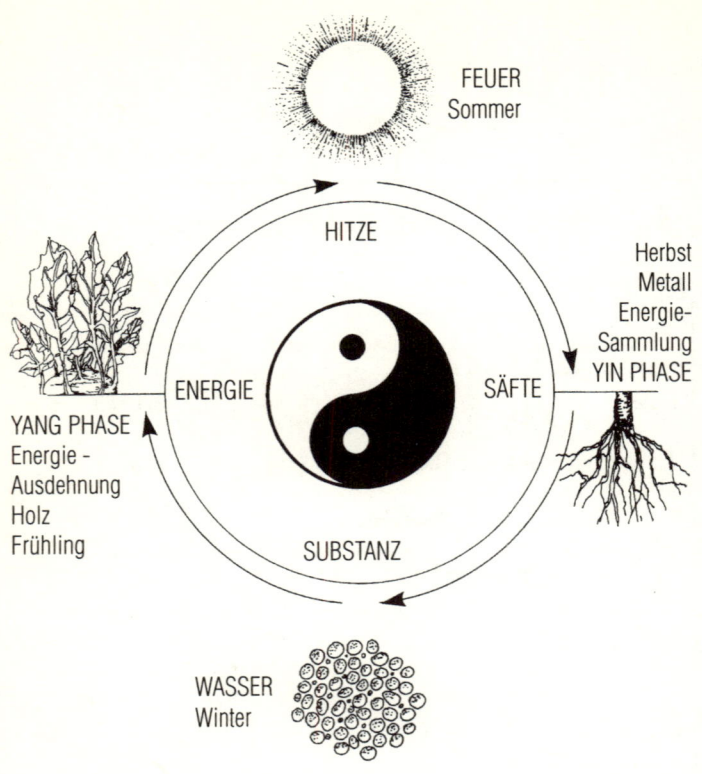

FEUER
Sommer

HITZE

Herbst
Metall
Energie-
Sammlung
YIN PHASE

ENERGIE

SÄFTE

YANG PHASE
Energie -
Ausdehnung
Holz
Frühling

SUBSTANZ

WASSER
Winter

Die Jahreszeiten - Elemente in ständiger Bewegung

Das Element Erde drückt sich durch die Zwischenjahreszeiten »Dojos« aus. Es bildet immer den Mittelpunkt, da es das Produkt der anderen Elemente ist, und umgekehrt: alle Elemente können sich ausdrücken, da es eine Mitte gibt.

So, wie die gesamten Kräfte des Kosmos, der Planeten und der Natur schwingen und pulsieren, existiert und lebt der Mensch in diesem Rhythmus mit ihnen. Auch unser Leben beruht auf den wechselnden Phasen von Yin und Yang. Bewegung und Ruhe, Diastole und Systole bei den Herzfunktionen, Essen und Ausscheiden, Ein- und Ausatmung, Schlafen und Wachen sind Beispiele dafür.

Der menschliche Organismus besteht ebenfalls aus Elementen. Die Mitte des Menschen bildet nach traditioneller chinesischer Sicht das Erdelement mit den zugeordneten Organen Milz, Magen und Bauchspeicheldrüse. Dies ist der Ort, wo Essen und Trinken in Energie umgewandelt werden. Diese Mitte, das Fünfte Element, wird aufrechterhalten, wenn die anderen vier Komponenten, Energie, Hitze, Säfte und Substanz, vorhanden sind.

Unsere Mitte gibt uns das Gefühl von Schwerkraft. Sie ist der Sitz unseres Ich-Bewußtseins, das uns Sicherheit gibt. Obwohl dies nur eine scheinbare Stabilität ist, da Expansion und Kontraktion im gesamten Kosmos immer stattfinden, brauchen wir das Empfinden von Gravität (Erde), um unser »Sein« (Wasser) zu erleben.

Ähnlich wie in den natürlichen Abläufen der Jahreszeiten existiert auch der Mensch durch das Fließen von Qi (Lebensenergie) in dem Energiesystem seines Körpers. Es ist die Aufgabe der Leber, dieses Qi zu bewegen. Unser Herz beinhaltet den spirituellen Aspekt des Geistes (Shen). Er kann mit einer Leinwand verglichen werden, auf die die gespeicherten Erlebnisse, unser Karma (Hun) projiziert werden und zur Entfaltung kommen kann. Die Lunge sorgt dafür, daß die Körpersäfte verteilt und nach unten bewegt werden, damit das Körperinnere befeuchtet wird. Die Nieren binden, schützen und bewahren unsere Substanz.

Unter Substanz versteht man in der Traditionellen Chinesischen Medizin die vorgeburtlichen Voraussetzungen, die jeder Mensch zum Zeitpunkt seiner Zeugung erhält, sowie die nachgeburtliche Energie, die wir aus einem Überschuß aus Atmung, Ernährung und

FEUER/HITZE
Herz, Dreifacher Erwärmer, Dünndarm
Kreislauf
Entfaltung des Shen

HOLZ/ENERGIE
Leber, Gallenblase
*Bewegen
der Energie*

ERDE/MITTE
Milz, Magen,
Bauchspeicheldrüse
*Produktion der
nachgeburtlichen Substanz*

METALL/SÄFTE
Lunge, Dickdarm
*Verteilung
der Säfte*

WASSER/SUBSTANZ
Nieren, Blase, Sexualorgane
Bewahren von Substanz

Die Fünf Elemente und ihre Organentsprechungen

Lebensweise erhalten. Substanz hat Yin-Charakter, Energie hat Yang-Charakter. Unser ganzes Leben beruht auf diesen zwei Komponenten.

Die Substanz spielt eine große Rolle bei der Blutproduktion und dem Aufbau von Knochen, Knochenmark und Gehirn. Sie fließt in den Blutgefäßen und Meridianen und sorgt für die Erneuerung und Regeneration des Körpers. Wissenschaftlich betrachtet, können das hormonelle System und die Drüsenfunktionen damit verglichen werden.

Wenn sich alle Organe und ihre Funktionen, also auch die Fünf Elemente, in einem Zustand von Harmonie befinden, das heißt optimal zusammenarbeiten, Energie und Substanz in einem ausgewogenen Verhältnis zueinander stehen, ist der Körper gesund. Dann fühlen wir uns wohl.

Hierbei geht es um den fördernden Zyklus der Elemente (Erde -
Metall - Wasser - Holz - Feuer). Beim Kochen mit den Fünf Elementen übertragen wir das makrokosmische Prinzip des fördernden Zyklus auf die mikrokosmische Ebene - in unseren Kochtopf,
auf unseren Teller, in unseren Organismus.

Diesem Prinzip geben wir durch die Auswahl, Zusammenstellung, Farbe, Form, Geschmack sowie Zubereitung und Kochtech-
nik in unseren Speisen den entsprechenden Ausdruck.

Zyklus bedeutet eine bestimmte Reihenfolge, in der die Speisen
zubereitet werden. In der Kunst des Kochens und Zubereitens unserer Nahrung wenden wir den fördernden, aufbauenden Zyklus
der Elemente an, um ein optimales Kochergebnis zu erhalten. Dabei werden die Zutaten aus dem Element Erde zwischen Feuer und
Metall gefügt. In dieser natürlichen Reihenfolge können sich die
einzelnen Elemente geschmacklich und energetisch unterstützen.
Das Ergebnis ist eine harmonische Speise, die sich durch Ästhetik
in Farbe und Form sowie durch Zufriedenheit nach dem Essen und
Wohlgeschmack beim Essen ausdrückt. Nach einer solchen Mahlzeit fühlen wir uns gesättigt anstatt gefüllt. Wir haben neue Energie
erhalten, und unsere körpereigene Energie wird uns nicht durch
einen lähmenden Verdauungsakt geraubt.

In allen hier vorgestellten Rezepten entspricht die Zubereitung
der Mahlzeiten, der Einsatz von Hitze und Kälte, die Reihenfolge,
in der die einzelnen Zutaten verarbeitet werden, immer dem kosmischen Prinzip des fördernden Zyklus.

Damit Du dieses Prinzip auch schon, wenn Du beginnst, mit
dieser Methode zu kochen, leicht erkennen kannst, ist bei den Re-
zeptzutaten und Zubereitungsmethoden immer das dominierende
Element angeführt.

Nachfolgend ein Beispiel für die Anwendung des fördernden
Zyklus (Fütterungszyklus):

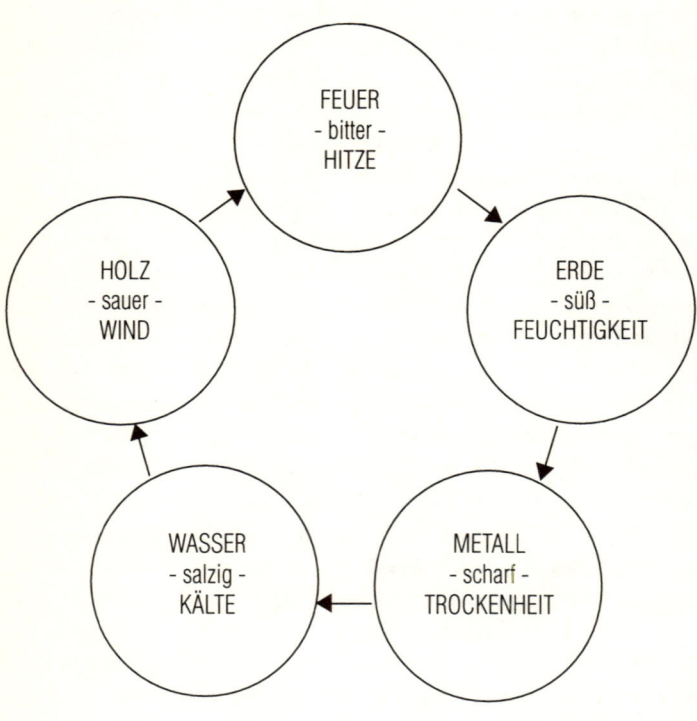

Der fördernde, aufbauende Fütterungszyklus

BEISPIEL FÜR EINE SUPPE: *BEISPIEL FÜR EIN BELEGTES BROT:*

FEUER: kochendes Wasser
ERDE: etwas Sesamöl   *ERDE:* Vollkornhefebrot
ERDE: Möhren   *ERDE:* Butter
ERDE: Brokkoli
METALL: Lauch, weiß   *METALL:* Senf
WASSER: Shoyu   *WASSER:* Kichererbsenpaste
HOLZ: feine Weizennudeln   *HOLZ:* milchsaure Gurken
                                              in Scheiben

BEISPIEL FÜR EINEN ERFRISCHENDEN SOMMERSALAT:

Durch die Auswahl der Zutaten werden Yin und Yang ins Gleichgewicht gebracht. Nachtschattengewächse, Pilze und Bohnen repräsentieren hier die Yin-Energie. Wurzel- und Knollengemüse besitzen im Vergleich dazu mehr Yang-Energie. Die Zusammenstellung erfolgt im fördernden Zyklus der Fünf Elemente.

YIN   *YANG*
HOLZ: Tomaten

                                      FEUER: Rote Bete
ERDE: Champignons   *ERDE:* Sellerie
ERDE: Paprika   *ERDE:* Möhren
                                      METALL: Kohlrabi

WASSER: gekochte Mungbohnen

Übung 4

Sitze entspannt und bequem an einem Ort, wo Du Dich wohl und ungestört fühlst.

Falte Deine Hände. Schließe Deine Augen und beobachte den Energiefluß in Deinen Händen.

Lege Deine Hände auf Deine Augen. Schließe Deine Augen und versuche zu spüren, wie die Energie in Deine Augen fließt.

Lege Deine Finger ineinander und bringe Deine gekreuzten Finger in Deinen Nacken. Beobachte, was geschieht, und schließe Deine Augen. Lege gleichzeitig Deine beiden Füße schräg übereinander.

Gehe fünf Minuten lang bewußt dynamisch umher. Lasse dabei den rechten Fuß, das rechte Bein, den linken Arm und die linke Hand locker und diagonal zueinander schwingen. Tue das gleiche mit dem linken Fuß, dem linken Bein, der rechten Hand und dem rechten Arm. Der Kopf schwingt entspannt und locker mit. Verändere dabei Tempo und Richtung nach Belieben. Du kannst dabei auch Musik hören, die Dich beschwingt. Übertreibe auch diese Bewegungen und mache einen Tanz daraus. Lege Dich dann anschließend fünf Minuten zum Entspannen hin, schließe dabei die Augen und beobachte die Energieströme in Deinem Körper. Mache Dir bewußtes, dynamisches Gehen zur täglichen Gewohnheit und gehe möglichst jeden Tag spazieren, ohne eine einseitige Last zu tragen oder bepackt zu sein.

Der Lebensstrom im Menschen

Wenn man die Elemente verbindet, entsteht eine fünfeckige Form. Auf den Menschen übertragen, beinhaltet die äußere fünfeckige Form den inneren Lebensstrom. Unser Körper ist rechts mit positiver (yang) Energie und links mit negativer (yin) Energie belebt. Wenn wir uns, wie unten dargestellt, aufrichten und ausstrecken und dann die äußeren Linien miteinander verbinden, entsteht ein "Fünfeck". Im Inneren dieses Fünfecks sehen wir einen fünfeckigen Stern, innerhalb dessen Linien die Lebensenergie nach den Gesetzmäßigkeiten von Yin und Yang fließt. Wenn Du die folgenden Übungen machst, kannst Du diesen Energiefluß empfinden. Sie zeigen uns, daß in jedem Menschen das Polaritätsprinzip vorhanden ist. Wir alle tragen weibliche und männliche Energien in uns. Indem wir beide Pole in uns erkennen und vereinigen, werden wir zu ganzen Menschen.

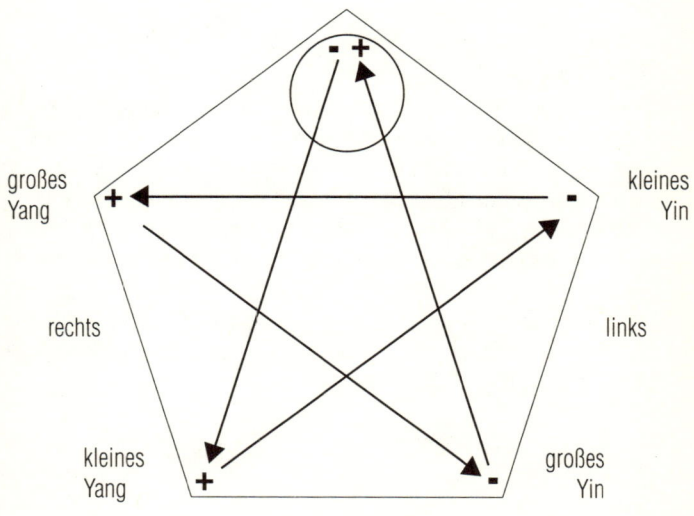

Der Lebensstrom im Menschen (Vorderansicht)

DAS ELEMENT ERDE

Betrachtungen und Zuordnungen nach dem chinesischen System:

Das Erdelement steht im Zentrum: es symbolisiert die Mitte, wodurch sich die anderen Elemente ausdrücken können. Bei der Betrachtung der vier Himmelsrichtungen befinden wir uns selbst im Mittelpunkt. Die Verbindung zu den anderen Elementen drückt sich durch die vier Zwischenjahreszeiten (Dojos) aus, die jeweils 18 Tage vor Beginn einer neuen Jahreszeit stattfinden. Im Tagesverlauf sind es die viermal zwei kostbaren Stunden von 7 bis 9 Uhr, 13 bis 15 Uhr, 19 bis 21 Uhr und 1 bis 3 Uhr. Das Erdelement verkörpert darüber hinaus Fruchtbarkeit, Empfängnis und Vermehrung. Man spricht von Mutterboden und meint damit eine besonders fruchtbare Bodenqualität. Im menschlichen Leben ist es die Zeit des Erwachsenseins.

»Die Beschaffenheit des Planeten Erde schließt die Phasen der Umwandlung mit ein, die der Planet durch die Verschiebung seiner Pole und seiner Kontinente erfahren hat. Diese Phasen und der Einfluß von Sonne und Mond werden von uns empfunden, weil wir auf der Erde leben und weil unser Körper aus denselben Elementen gemacht ist wie unser Planet: Erde, Wasser, Feuer und Luft.«

- Gaston Saint Pierre und Debbie Boater aus:
Die Metamorphische Methode.

Yin-Organ:	Milz, Bauchspeicheldrüse
Yang-Organ:	Magen
Sinnesorgan/Funktion:	Mund, schmecken
Körperstruktur:	Bindegewebe
Bezug zu Körperteilen:	Lippen, Mandeln, Eierstöcke, Hoden, Mundraum
Geruch:	duftend, wohlriechend
Laut:	singen
Benehmen:	rülpsen
Seelische Entsprechung:	klares und rationelles Denken, Konzentration, Zweifel, Grübeln
Tier:	Rind
Getreide:	Mais, Hirse, Süßreis
Gemüse:	runde, gelbe Sorten, Knollen
Geschmack:	süß
Energie des Geschmacks:	Yang
Wirkung des Geschmacks:	harmonisierend, tonisierend, entspannend, verlangsamend
Schädigung durch:	zuviel Sitzen, ungeeignete Nahrung, Tiefkühlkost, Mikrowellen, zuviel Zucker, Salz und tierisches Eiweiß sowie zu scharfe Speisen
Therapie:	Ernährung, Diät, Massage

Übung 5

Wähle Farben aus, die in Dir die größtmögliche Harmonie schaffen und Dir bei der Betrachtung ein Gefühl von Zufriedenheit geben. Schließe die Augen. Stelle Dir einen Platz auf der Erde vor, wo Du Dich sehr wohl fühlst. Berühre im Geiste die Erde, den Boden. Ist sie sandig, weich oder feucht? Strahlt sie Wärme oder Kälte aus? Kannst Du eine Verbindung zwischen Dir und der Erde herstellen? Auf welche Art und Weise seid Ihr verbunden? Warte, bis ein Bild zum Thema Erde in Dir emporsteigt, und bringe alle Deine Assoziationen zum Ausdruck. Notiere Deine Empfindungen und Gedanken.

Übung 6

Sitze oder liege bequem und entspannt, lege Deine Hände auf Milz, Magen, Bauchspeicheldrüse und besuche diese Organe mit Deinem geistigen Auge. Sprich zu ihnen:

Ich danke meiner Milz für das Befördern der extrahierten Chi-Energie nach oben zur Lunge hin.

Ich danke meinem Magen für das Extrahieren von Chi-Energie aus der Nahrung und für das Befördern nach unten zum Dickdarm und Dünndarm. Ich danke meiner Bauchspeicheldrüse für die Produktion von Verdauungssäften.

Ich lächle in meine Milz, meinen Magen und meine Bauchspeicheldrüse hinein und sende ihnen heilende Energie.

Meine Milz, mein Magen und meine Bauchspeicheldrüse sind vollkommen und heil. Sie erfüllen alle ihre Aufgaben perfekt.

Wähle eine oder mehrere der Affirmationen aus, die Dir vertraut sind. Kreiere dann eine neue, Dir eigene Affirmation zum Erdelement und wiederhole sie mehrmals täglich. Achte darauf, positive Sätze ohne Verneinungen zu bilden.

Affirmationen

Ich stehe mit beiden Füßen auf der Erde.

Ich lebe bewußt.

Ich bin in meiner Mitte.

Ich lebe im Jetzt.

Mein Glaube gibt mir ein Gefühl von Sicherheit und Gravität.
Ich habe ein gutes Gedächtnis.

Mein Geist ist wach.

Es fällt mir leicht, mich zu konzentrieren.

Ich bin fähig, Dinge einzuordnen, zu klassifizieren und zu speichern.

Die Disziplin, die ich ausübe, bereitet mir Freude.

Mein Körpergewicht ist immer optimal.

Ich erlaube meinem Körper, sich während der Dojo-Zeiten auf die neue Jahreszeit einzustellen.

Ich ernähre mich so, daß ich meine Mitte finde.

Das Erdelement repräsentiert die große Harmonie, ich genieße es, dies zu erleben.

Ich erkenne, daß »Erde« das zentrale Element darstellt, das Basis, Körper und Form bildet.

Ich verstehe, wie sich durch »Erde« alle anderen Elemente ausdrücken.

Ich liebe und pflege den Planeten Erde.

Ich trage aktiv zur Heilung unserer Mutter Erde bei.

Ich danke für die Nahrung, die ich täglich erhalte.

Ich weiß, daß die Erde ein wundervoller Planet des Wissens ist, und ich genieße das Leben hier.

Diese Wünsche, Vorstellungen und Affirmationen oder etwas Besseres mögen sich zum Wohle aller Wesen erfüllen.

DAS ELEMENT METALL

Das Metallelement kann als Raum beschrieben werden, in dem wir unsere Einheit und Verbundenheit mit allem erleben. Hier findet der Austausch mit unserer Umgebung statt. Durch unsere Atmung und Verdauung stehen wir unaufhörlich im Austausch mit der Umwelt. Geben und Nehmen sowie die Gesetze von Ursache und Wirkung kommen hier zum Ausdruck. Die Bedeutung dieses Elements kann am besten in der Meditation erfahren werden.

ZUORDNUNGEN ZUM ELEMENT METALL

Yin-Organ:	Lunge
Yang-Organ:	Dickdarm
Sinnesorgan/Funktion:	Nase, riechen
Körperstruktur:	Haut
Bezug zu Körperteilen:	Körperhaare, Kehle, Unterlippe, Zähne
Geruch:	penetrant, muffig
Laut:	weinen
Benehmen:	husten
Seelische Entsprechung:	Mitgefühl, Gerechtigkeit, Traurigkeit
Tier:	Pferd, Wild
Getreide:	Reis, Gerste
Gemüse:	weiße Sorten, Wurzelgemüse
Geschmack:	scharf
Energie des Geschmacks:	Yang
Wirkung des Geschmacks:	zerstreuend, auflösend, bewegend, die Oberfläche befeuchtend
Schädigung durch:	zuviel Liegen, zuviel Rohkost, Südfrüchte, Zucker und Milchprodukte, zuviel Kaffee, schwarzen Tee, Rauchen und bittere, erhitzende Kräuter
Therapie:	Atemtherapie, ätherische Öle, Akupunktur

Übung 7

Wähle Farben zum Thema Metall/Raum aus. Lasse Assoziationen aufsteigen. Nimm wahr, daß der Raum um Dich es Dir ermöglicht, Dich mit allem eins und verbunden zu fühlen. Beobachte Deine Atmung und Deine Gedanken. Meditiere eine Weile und bringe dann alles, was Dir einfällt, zu Papier.

»Alle Dinge nah und fern sind durch unsterbliche Kraft
insgeheim verbunden. Keine Blume kannst Du knicken,
ohne einen Stern zu stören.«

- Francis Thompson

Übung 8

Sitze oder liege wieder entspannt. Lege Deine Hände auf Lungen und/oder Dickdarm und besuche diese Organe wieder im Geiste und sprich zu ihnen.

Ich danke meiner Lunge für ihre vielseitigen Funktionen. Ich danke meinem Dickdarm für seine beständige Arbeit.

Ich lächle in meine Lungen, meinen Dickdarm hinein und sende ihnen heilendes Licht und Liebe.

Meine Lungen und mein Dickdarm sind vollkommen heil und erfüllen ihre Aufgaben perfekt.

Affirmationen

Ich bin gerecht und werde gerecht behandelt.

Ich strahle Mitgefühl für alle Wesen aus.

Ich besitze ein Urvertrauen, das mich die Einheit mit allem fühlen läßt.

Mein Selbstschutz und der Wille zu leben stehen mir immer bei.

Ich gewähre mir Raum in meinen zwischenmenschlichen Beziehungen.

Ich gewähre meinem Körper reinigende Nahrung.

Ich atme bewußt.

Ich erkenne, daß durch meine Atmung der Austausch mit meiner Umwelt stattfindet.

Ich nehme den Raum in mir für Eingebungen und Inspirationen wahr und gestatte mir Meditation und Inneres Sehen.

Ich nehme wahr, daß das Metallelement sich durch den Raum ausdrückt, der mich mit allem verbindet.

Diesen Raum gestalte ich mit durch meine Gedanken und Worte. Ich reinige und heile diesen Raum durch positive Gedanken und Worte.

Durch bewußtes Leben helfe ich mit, diesen Raum mit Licht und Liebe zu erfüllen.

Ich benutze bewußt meine Fähigkeit, zu sprechen und zu singen, und verbreite liebevolle Schwingungen.

Diese Wünsche, Vorstellungen und Affirmationen oder etwas Besseres mögen sich zum Wohle aller Wesen erfüllen.

DAS ELEMENT WASSER

Das Wasserelement drückt sich in der Natur durch Kälte und den Winter aus, in unserem Körper durch Nieren und Blase. Nach traditioneller chinesischer Auffassung ist die Yin-Niere (Wasserniere) der Speicher für die elterliche Erbenergie sowie Speicher des Überschusses an Energie aus Atmung, Ernährung und Lebensweise. Die Yang-Niere (Feuerniere) hält unsere Körperwärme aufrecht und schützt das Qi unseres Körpers.

ZUORDNUNGEN ZUM ELEMENT WASSER

Yin-Organ:	Wasserniere, Feuerniere
Yang-Organ:	Blase
Sinnesorgan/Funktion:	Ohren, hören
Körperstruktur:	Zähne, Knochenmark, Gehirn, Knochen, Gelenke
Bezug zu Körperteilen:	Kopfhaare, Knie, Augenbrauen, Gebärmutter
Geruch:	faulig
Laut:	stöhnen
Benehmen:	zittern
Seelische Entsprechung:	Furchtlosigkeit, Willen, Mut, Angst
Tier:	Hängebauchschwein
Getreide:	Bohnen, Hülsenfrüchte
Gemüse:	Lagergemüse, Meeresgemüse
Geschmack:	salzig
Energie des Geschmacks:	Yin und Yang, abhängig von der Kombination mit anderen Faktoren.
Wirkung des Geschmacks:	aufweichend, innen befeuchtend, abführend, bringt Qi nach unten
Schädigung durch:	zuviel Stehen, Streß, schlechte Ernährung über langen Zeitraum, Kälte, zuwenig Schlaf, Drogen
Therapie:	Wasseranwendungen

Übung 9

Gehe im Geiste zu einem schönen Platz am Wasser. Das kann eine sprudelnde Quelle, ein Fluß, ein See, ein tosender Wasserfall oder das Meer sein. Es kann auch in der Form des Regens oder des Taus erscheinen. Stelle Dir den Kreislauf des Wassers vor. Woher kommt es, wohin geht es? Es erfüllt in Pflanzen, Tieren und Menschen eine Aufgabe. Auf der Erde gibt es 75 % Wasser, und unser Körper besteht auch gewichtsmäßig zu 65 % bis 85 % aus Wasser. Flüssigkeiten durchdringen unseren Organismus und stehen mit Ozeanen und Flüssen in Verbindung, die der Mond regiert. Wähle Farben zum Thema Wasser aus und male zu Deinen Einfällen ein Bild.

Übung 10

Fahre fort wie in den Übungen 7 und 8 und lege Deine Hände auf Deine Nieren. Sprich auch zu ihnen:

Ich danke meinen Nieren für ihre wertvolle Entgiftungsarbeit.

Ich danke meinen Nebennieren für die Produktion lebenswichtiger Hormone.

Ich danke meiner Blase für ihre zuverlässige Speicher- und Ausscheidungsfunktion.

Ich danke meinen Sexualorganen, der Quelle wertvoller Lebensenergie.

Ich lächle in meine Nieren und Nebennieren, meine Blase und Sexualorgane hinein. Ich sende diesen wundervollen Organen heilende Energie, Licht und Liebe.

Meine Nieren und Nebennieren, Blase und Sexualorgane sind vollkommen und heil. Sie funktionieren prima.

Affirmationen

Ich bin mutig.

Mein Selbstvertrauen ist groß.

Der göttliche Wille in mir ist stark.

Ich erreiche immer und sicher das Ziel.

Ich beschütze mich immer und überall durch meine Liebe zu mir selbst.

Ich kultiviere Stärke und Mut.

Herausforderungen nehme ich gerne und mit Freude an.

Ich bin ausdauernd, beharrlich und habe Widerstandskraft. Ich verfüge über Willenskraft und physische Kraft, um Ziele und Unternehmungen zu realisieren.

Ich bin ein selbständiges Wesen.

Ich bin frei und nutze sexuelle Energie im Sinne von Leben und Liebe.

Ich gönne mir genügend Entspannung und Schlaf.

Ich übernehme die Verantwortung für mein körperliches und seelisches Wohlbefinden.

Ich ernähre mich vielseitig und liebevoll.

Ich nähre meinen Körper mit frischem, klarem Quellwasser.

Ich halte meine Körperflüssigkeiten rein, die alle wichtigen Nährstoffe transportieren.

Ich halte Bäche, Flüsse, Seen und Meere rein.

Wasser ist die Quelle des Lebens - es ist mein Freund.

Ich liebe Wasser.

Ich erkenne die Aufgabe des Wassers innerhalb und außerhalb meines Körpers.

Diese Wünsche, Vorstellungen und Affirmationen oder etwas Besseres mögen sich zum Wohle aller Wesen erfüllen.

DAS ELEMENT HOLZ

Das Holzelement drückt sich durch Lebendigkeit aus. Es zeigt sich im Wind und in den Bäumen. Bäume ragen mit ihrer Wurzel tief in den Boden und mit ihrer Krone in den Himmel. Sie sind Vermittler zwischen Himmel und Erde. Die grüne Farbe des Holzelements ist in der Natur häufig vertreten, und sollte auch täglich ihren Platz in Form von frischem Gemüse auf unserem Teller haben. Grün entspannt unsere Augen.

ZUORDNUNGEN ZUM ELEMENT HOLZ

Yin-Organ:	Leber
Yang-Organ:	Gallenblase
Sinnesorgan/Funktion:	Augen, sehen
Körperstruktur:	Muskeln, Muskelspannkraft, Sehnen
Bezug zu Körperteilen:	Fingernägel
Geruch:	ranzig
Laut:	rufen
Benehmen:	umarmen
Seelische Entsprechung:	Toleranz, Geduld, Flexibilität, Zorn, Ärger, Eifersucht
Tier:	Huhn, Taube, Ente
Getreide:	Weizen, Dinkel, Grünkern
Gemüse:	schnell wachsende grüne Gemüse und Kräuter, Keime und Sprossen
Geschmack:	sauer
Energie des Geschmacks:	Yin
Wirkung des Geschmacks:	zusammenziehend, adstringierend, immobilisierend, ansammelnd
Schädigung durch:	zuviel Laufen, zuviel Weiß, Neonlicht, Computer, Emotionen, Chemikalien
Therapie:	im Liegen entspannen, Spaziergänge im Grünen, Kräutertherapie, Frühlingskur

Übung 11

Gehe im Geiste zu einem Baum. Vielleicht hast Du einen Lieblingsbaum. Betrachte ihn aus der Ferne, nimm seine Ausstrahlung wahr. Betrachte ihn aus der Nähe, seine Rinde, die Struktur seiner Blätter und so weiter. Was bedeutet oder symbolisiert der Baum für Dich? Wähle entsprechende Farben und male Dein Bild zum Thema Holz/Baum.

Übung 12

Lege Deine Hände bei dieser Übung auf Leber und Galle und sprich zu ihnen:

Ich danke meiner Leber für ihre unermüdliche Entgiftungsarbeit.

Ich danke meiner Gallenblase für das Vorverdauen von Fetten.

Ich lächle in meine Leber und Gallenblase hinein. Ich sende ihnen heilende Energie, Licht und Liebe.

Meine Leber und meine Gallenblase sind vollkommen heil. Sie funktionieren gut.

Affirmationen

Ich bin geduldig.

Ich warte in Ruhe ab, bis der passende Zeitpunkt des Geschehens erreicht ist.

Meine Vorstellungskraft ist grenzenlos.

Ich bin der Herrscher über meine Emotionen.

Ich erkenne die Kraft meines Unterbewußtseins. Meine Kreativität bereitet mir Freude.

Ich fließe über vor Lebensfreude und Lebendigkeit. Ich erlaube mir, romantisch und verspielt zu sein.

Meine Entscheidungsfähigkeit ist schnell und klar. Ich gönne meiner Leber Entspannung im Liegen.

Meine Großzügigkeit und Kontaktbereitschaft schenken mir viele Freunde.

Ich finde immer eine Lösung. Ich entspanne mich und lasse los.

Bäume sind meine Freunde, die ich achte, liebe und schütze.

Ich erkenne das Wesen der Bäume und verstehe ihre Sprache.

Wälder und Bäume, grüne Wiesen und Felder spenden mir Frische.

Ich genieße Grün. Grün harmonisiert und beruhigt mich.

Meine Augen sind entspannt.

Ich erlaube meinen Augen zu sehen.

Meine Ernährung ist frisch und lebendig.

Das Aussehen meiner Nahrung erfreut meine Augen.

Ich genieße mit meinen Augen.

Die Lebensenergie fließt in mir, sie durchströmt jede Zelle in mir.

Diese Wünsche, Vorstellungen und Affirmationen oder etwas Besseres mögen sich zum Wohle aller Wesen erfüllen.

DAS ELEMENT FEUER

Das Feuerelement drückt sich durch Hitze und den Sommer aus. Im menschlichen Körper hat es seinen Sitz im Herzen, im Kaiserorgan, wie es die Chinesen nennen. Es kontrolliert alle anderen Organe und Meridiane. Gleichzeitig ist es der Sitz des Shen, des Geistes. Das Herz hat Pumpfunktion, aber auch einen spirituellen Aspekt. Hier werden die Einstellungen und Handlungen des Menschen geleitet.

ZUORDNUNGEN ZUM ELEMENT FEUER

Yin-Organ:	Herz, Dreifacher Erwärmer
Yang-Organ:	Dünndarm, Kreislauf
Sinnesorgan/Funktion:	Zunge, sprechen
Körperstruktur:	Blutgefäße
Bezug zu Körperteilen:	Gesichtsfarbe, Zungenspitze, Nasenspitze
Geruch:	verbrannt
Laut:	lachen
Benehmen:	sich bewegen
Seelische Entsprechung:	Freude, Verwirrung, Begierde
Tier:	Ziege, Lamm, Hammel
Getreide:	Roggen, Buchweizen, rote Hirse
Gemüse:	ausgedehnte und rote Pflanzen, Blüten
Geschmack:	bitter
Energie des Geschmacks:	Yin
Wirkung des Geschmacks:	austrocknend, verdampfend, verhärtend, festigend
Schädigung durch:	zuviel Denken
Therapie:	Moxa, Fango, Psychotherapie

Übung 13

Stelle Dir vor, im Sonnenlicht zu baden oder an einem offenen Feuer, vielleicht am Kamin, zu sitzen. Oder zünde Dir eine Kerze an. Schließe Deine Augen und sieh in das Licht. Stelle Dir Feuer und Wärme im Erdinneren vor. Spüre die Wärme in Deinem Körperinneren wie eine kleine Sonne im Solarplexus. Wähle Farben zum Thema Feuer und drücke das Feuerelement in Form eines Bildes aus.

Übung 14

Lege Deine Hände auf Herz und Dünndarm. Sprich zu diesen Organen.

Ich danke meinem Herzen für seine stetige und zuverlässige Arbeit.

Ich danke meinem Dünndarm für die Mitarbeit bei der Transformation wertvoller Nährstoffe.

Ich danke meinem Kreislauf und meinem Dreifachen Erwärmer für ihre lebenswichtigen Funktionen.

Ich lächle in mein Herz, meinen Dünndarm, meinen Kreislauf und meinen Dreifachen Erwärmer hinein. Ich sende ihnen heilende Energie, Licht und Liebe.

Mein Herz, mein Dünndarm, mein Kreislauf und mein Dreifacher Erwärmer sind vollkommen und heil. Sie erfüllen ihre Aufgaben perfekt.

Affirmationen

Ich gehe neugierig und mit Wissensdurst durchs Leben. Lebensfreude, Optimismus und Lächeln sind meine Begleiter. Ich bin bereit, mich selbst zu heilen.

Ich erkenne die reinen, inneren Werte des Lebens.

Alle Zusammenhänge sehe ich deutlich und klar. Ich verstehe sie.

Ich bin aufmerksam.

Ich kann die Zukunft sehen.

Meine Träume sind klar.

Ich bin ein Organisationstalent und denke an alles Wichtige. Meine Konzentration ist gut und währt lange.

Ich erlebe absolute Freude durch allumfassende Erleuchtung. Mein Körper strahlt.

Ich wende meine Sprache bewußt an und wähle jedes Wort bewußt.

Ich kann schweigen.

Die Kraft der Sonne und des Feuers spenden mir Wärme und Energie.

Ich verstehe es, mit der Energie der Sonne und des Feuers bewußt und sinnvoll umzugehen.

Ich bin Herrscher über das Feuer und wende es zum Besten aller Wesen an.

Ich erkenne die Aufgabe der Sonne, des Feuers und des Lichtes und übernehme meine Verantwortung im Austausch mit diesen Energien.

Diese Wünsche, Vorstellungen und Affirmationen oder etwas Besseres mögen sich zum Wohle aller Wesen erfüllen.

2. Teil

Individuelle Nahrungsbedürfnisse

Schaue zurück in die Vergangenheit. Erinnere Dich an die Ernährung Deiner Eltern, Großeltern, Urgroßeltern ... Kannst Du Dich an Erzählungen erinnern? Erkundige Dich bei älteren Verwandten oder älteren Menschen. Stöbere in Büchereien, auf Flohmärkten oder im Antiquariat nach alten Kochbüchern.

Naturvölker, die ihre ursprüngliche Kultur bis heute erhalten haben, geben uns Hinweise auf Ernährungssysteme, die heute wieder von großem Nutzen sein können.

Bestimmende Kennzeichen der Ernährung von Naturvölkern sind Vollwertigkeit und Ganzheitlichkeit. Die Basis dieser Ernährung besteht zumeist aus Getreide in Verbindung mit Hülsenfrüchten, ergänzt durch Land- und Seegemüse, Samen und Kerne oder Nüsse, Kräuter und Vergorenes sowie Früchte und Fisch. Tierische Produkte wurden traditionell in größeren Mengen nur dort verzehrt, wo die klimatischen Bedingungen eine vorwiegend vegetarische Lebensweise nicht zuließen - wie bei den Eskimos oder den nordamerikanischen Indianern. Ein Zahnarzt, Dr. Weston Price, untersuchte Zusammenhänge zwischen Ernährung und Zahnverfall, indem er zusammen mit seiner Frau bei Expeditionen rund um die Welt verschiedene Naturvölker aufsuchte. 1920 bis 1930 gab es noch Völker und Stämme, die ihre traditionellen Ernährungsgewohnheiten beibehalten hatten. Er verglich Eskimos, amerikanische Indianer, Polynesier, australische Aborigines, Maoris auf Neuseeland, afrikanische und peruanische Stämme und Bewohner des Loetschentals in der Schweiz. Eine Gruppe ernährte sich traditionell, die andere hatte Zugang zur modernen Zivilisationsernährung. Er forschte, um die These zu beweisen, daß der industriestaatliche Mensch nicht zwangsläufig dem evolutionären Schicksal der Degeneration unterliegt, sondern daß jeder einzelne heute noch in der Lage ist, durch die Wahl seiner Ernährung aus diesem Kreislauf herauszutreten.

Die Ergebnisse seiner Beobachtungen und Untersuchungen bei den verschiedenen Gruppen waren verblüffend ähnlich. Dort, wo die Menschen Zivilisationskost aßen, waren die Zähne stärker angegriffen (kariös) und besonders die Kieferknochen deformiert, hauptsächlich verengt. Degenerative Erkrankungen, vor allem Tuberkulose, waren stärker verbreitet. Er fand häufiger Mundatmer und einen allgemeinen Rückgang der Immunstärke. Im Vergleich dazu stellte er bei isoliert lebenden Naturvölkern gar keine oder selten Karies fest, und die Weisheitszähne standen regelmäßig in der Zahnreihe. Der Körperbau dieser Menschen war kräftig und die Gesichter wohlgeformt. Er betonte immer wieder die Fröhlichkeit, Ausgeglichenheit und Zufriedenheit sowie die Beständigkeit dieser gesund erscheinenden Menschen.

Ein Blick auf die Eßgewohnheiten der Bewohner verschiedener Kontinente läßt erkennen, daß diese Menschen sich jeweils mit dem Nahrungsangebot der sie umgebenden Natur arrangierten. Die Ernährung war Teil einer sinnvollen Lebensordnung, die sie befähigte, ihre Kultur über viele tausend Jahre zu erhalten und weiterzuentwickeln.

>>Die Ernährung ist nicht das Höchste im Leben, aber sie ist der Nährboden, auf dem das Höchste gedeihen und verderben kann.<<

- Bircher-Benner

Ernährungsgewohnheiten verschiedener Naturvölker

Eskimos

Sie aßen Fische aller Art, besonders Lachs, Rogen, Robbenfleisch, -speck und -fett, Seebär, Seelöwe, Walroß und Karibu (wildes Ren). Der gegorene Inhalt des Rentiermagens war ein beliebtes Gemüse. Rohe Leber bekamen die Kinder. Tiere wurden oft roh und mit allen Innereien verzehrt. Auf dem Speiseplan standen außerdem Tang und Algen, Moosbeeren, Sumpfheidelbeeren, Sumpfbrombeeren und andere arktische Früchte sowie verschiedene Gräser und Blumenblüten, die Wurzeln und Stengel der Engelwurz.

Nordamerikanische Indianer

Für sie galt Nahrung als geheimnisvolles Geschenk der lebensspendenden Naturmächte. Ihre Medizinmänner gaben oft Ernährungsvorschriften, denn sie wußten um die Heilkräfte der Nahrungsmittel.

Sie aßen Fisch und Rogen, Seetang sowie Wild. Als Delikatesse galten die Nebennieren und der zweite Magen des Elches. Die Kinder erhielten während der Wachstumsphasen Knochenmark.

Ihr Gemüse bestand aus Wurzeln und Beeren. Baumknospen und Rinden aßen sie in Notzeiten und während des Winters.

Bewohner der Anden und Kordilleren

Man aß viel Mais, Bohnen, Gemüse, Früchte, außerdem Vögel, Eier und Fleisch, in Küstenregionen Fleisch, Rogen und Tang.

Stämme im Landesinneren und Bergbewohner standen in ständigem Austausch mit den Bewohnern an Flüssen und in Küstengebieten. Die Nahrung aus dem Meer war also auch für Hochgebirgsbewohner von Bedeutung, wurde als Medizin verwendet und war besonders für Schwangere bestimmt.

VEGETARISCH LEBENDE STÄMME IN AFRIKA

Grundnahrungsmittel waren Reis, Mais und Bohnen, außerdem Kassawawurzel, Süßkartoffeln, Yams, tropische Früchte, besonders Bananen, Grünpflanzen, Wildgemüse, Kräuter, Palmöl und Palmbutter. Fisch und Fleisch wurden selten gegessen.

BEWOHNER DES LOETSCHENTALS IN DER SCHWEIZ

Hauptsächlich Roggenbrei, hausgemachtes Roggenbrot aus eigenem Getreideanbau, Milch und Käse mit außergewöhnlich hohem Gehalt an Mineralien und Vitaminen, Gemüse und nur wenig Fleisch.

SIKH UND HUNZA IN INDIEN
(nach Forschungen von Sir Richard McCarrison)

Weizen, Milch und Milcherzeugnisse, Hülsenfrüchte, Gemüse, Früchte und fast kein Fleisch bildeten die Nahrungsmittel.

ZUSAMMENSTELLUNG UNSERER ERNÄHRUNG

Bei der Zusammenstellung unserer Ernährung spielen unterschiedliche Faktoren eine Rolle.

Unsere Grundkonstitution ist das, was wir von unseren Eltern durch Vererbung erhalten haben, das, was wir in diese Inkarnation mitbringen. In der Zeit der Schwangerschaft und vor allem in den ersten drei Lebensjahren bis hin zur Pubertät reift und entwickelt sich diese Konstitution.

Unsere Ernährung können wir auf diese Grundkonstitution abstimmen, indem wir berücksichtigen, ob wir ein Kältetyp oder ein Wärmetyp sind. In der Regel dominiert bei Männern, die nach traditioneller chinesischer Auffassung mehr Qi besitzen, die Wärme, während Frauen, die mehr Blut und Säfte speichern, eher frieren. Diese natürlichen Anlagen lassen sich mit der Ernährung leicht ausgleichen. Darüber hinaus ist eine Anpassung an bioklimatische

Faktoren möglich, indem Nahrungsmittel nach den thermischen Eigenschaften ausgewählt werden.

Ein gesunder Mensch kann sich im Vierjahreszeiten-Klima in der Regel mit neutralen, erwärmenden und erfrischenden Nahrungsmitteln ernähren. Kalt und heiß wirkende Nahrungsmittel sind zum Ausgleich für extreme bioklimatische Bedingungen oder bei Hitze- beziehungsweise Kälteerscheinungen geeignet.

Außerdem spielt der kulturelle, religiöse und spirituelle Hintergrund bei der Ernährung eine große Rolle. Wer zum Beispiel kein Fleisch, das in der Regel viel Wärme erzeugt, essen möchte, kann durch das Kochen von Gemüse und das Zufügen ganz bestimmter Kräuter und Gewürze wärmende vegetarische Mahlzeiten herstellen. Die Umstellung auf eine rein vegetarische Ernährung - wenn sie die thermischen Eigenschaften von Nahrungsmitteln unberücksichtigt läßt - kann vor allem bei jungen Menschen, die an eine eiweißreiche Kost gewöhnt sind, zu Blut-, Energie- und Wärmemangel führen.

Auch in der vegetarischen Ernährung des Ayurveda werden die Speisen in Verbindung mit erhitzenden und erwärmenden Gewürzen zubereitet. Außerdem werden körperliche Übungen wie Yoga empfohlen, um den Energiefluß anzuregen. Wenn der menschliche Organismus unterkühlt, kann es zu Stagnationen im Energiesystem kommen.

Ernährung kann auch als Begegnung zwischen Mensch und Erde gesehen werden. Die Erde bringt entsprechend dem Klima, den Jahreszeiten und Landschaften ihre Früchte hervor, wobei es, abhängig vom Breitengrad, drastische Unterschiede gibt.

Während der Mensch in tropischen Breiten Früchte benötigt, um den Organismus zu kühlen und zu befeuchten, überlebt der Eskimo mit erwärmender tierischer Nahrung. Die Nahrungsmittel der jeweiligen Klimazone sind natürlicherweise auch die geeignetste Ernährungsgrundlage für die dort lebenden Menschen.

Heutzutage erleben wir besonders in den Städten die Vorteile einer immens großen Nahrungsvielfalt - nahezu alles steht zur Verfügung.

Damit wir uns aber gerade innerhalb dieser Vielfalt gesund und ausgewogen ernähren können, sind gute Kenntnisse von der geschmacklichen und thermischen Energie der Lebensmittel erforderlich - ganz gleich, wo wir auf dieser Erde wohnen.

GIBT ES FÜR UNS EINE IDEAL-ERNÄHRUNG?

Wenn wir versuchen, eine Kombination der wichtigsten Grundnahrungsmittel zusammenzustellen, können wir uns an zwei Aspekten orientieren: die traditionellen Ernährungsweisen verschiedener Naturvölker - wie wir sie zuvor kennengelernt haben - und am Aufbau unseres Gebisses. Unser Gebiß hat sich während einer langen Evolution ausgebildet. Es ist Spiegel unseres körperlichen Zustandes, da die Zähne mit Muskeln, Organen, Meridianen, selbst unserer Psyche in Verbindung stehen.

Von den 32 Zähnen des Erwachsenen sind 20 Mahlzähne, das sind 62,5 % des gesamten Gebisses: ideal zum Mahlen von Getreidekörnern, Kernen, Samen, Nüssen und Hülsenfrüchten, die unseren Grundbedarf an Kohlenhydraten, Eiweiß und Fett decken.

Die acht Schneidezähne, 25 % aller Zähne, sind bestens zum Abbeißen und Zerkleinern von Land- und Meeresgemüse, Salat und Früchten geeignet, die uns Vitamine und Mineralien liefern.

Die restlichen 12,5 % sind die vier Eckzähne. Ihre ursprüngliche Funktion ist das Reißen und Abbeißen von sehr fester Nahrung wie Fleisch, Fisch oder Meeresfrüchte.

Als sinnvolle Ergänzung können diese kraftvollen Nahrungsmittel tierischer Herkunft sowie Milchprodukte abhängig vom individuellen Bedarf und der jeweiligen Klimazone gegessen werden.

Diese Kombination von Grundnahrungsmitteln deckt die Nahrungsbedürfnisse eines gesunden Menschen, der in einer gemäßigten Klimazone lebt. Sie entspricht gleichzeitig dem, was die Erde in reichlicher Fülle bei ökologischer Kultivierung hervorbringt, um alle ihre Bewohner zu sättigen.

UNSER GEIST UND UNSERE SEELE BENÖTIGEN NAHRUNG

Das, was uns wirklich nährt, läßt sich nicht wissenschaftlich durch Maße, Gewichte und Zahlen erfassen, auch Vitamin-, Mineralien-, Nährwert und Kalorientabellen helfen nicht, sondern verwirren manchmal eher noch. Auch wenn wir augenscheinlich in einer Gesellschaft des Nahrungsmittelüberschusses leben, müssen wir offensichtlich Mängel durch Zugaben von Vitaminen und Mineralienpräparaten ausgleichen. Unsere Ernährung ist oft eine wilde Mischung von Extremen. Dadurch wird unser Körper natürlich übermäßig belastet. Nahrung aber sollte und kann energiespendend anstatt energieraubend sein und uns nicht Völlegefühl und Unbehagen, sondern Zufriedenheit, Wohlgefühl und neue Energie geben.

Über den körperlichen Hunger hinaus möchten und müssen wir aber auch noch unseren geistigen und seelischen Hunger - nach Farben, Düften, Klängen und Schwingungen - stillen. Wir erhalten festere Energien in Form von materieller Nahrung. Dies ist die Nahrung, die unsere Mutter Erde (Yin) uns gibt in Form von Getreide, Bohnen, Gemüse und so weiter, um unseren physischen Leib aufzubauen und zu erhalten. Wir nehmen Materie auf, um daraus Zellen, Organe oder Knochen zu bilden. Ein altes Sprichwort besagt: Der Mensch und der Boden sind eins.

Feinstoffliche Energien nehmen wir durch unsere Atmung, unser Sehen, Hören, Fühlen auf. Es ist die Nahrung des Himmels (Yang) in Form von feinen Schwingungen. Meditation beispielsweise kann uns bestens mit diesen Energien verbinden und uns mit Nahrung für Geist und Seele versorgen.

Im Einklang mit dem Kosmos

Seit jeher versuchen die Menschen, sich auf kosmische und natürliche Gesetzmäßigkeiten einzuschwingen und einzustimmen. Wir spüren und wissen, daß wir uns geborgen und glücklich fühlen, wenn wir mit den Rhythmen der Natur und des Kosmos in Harmonie sind. Klänge helfen uns dabei, an diesem Geschehen teilzunehmen. Wir leben in einer Welt der Klänge, auch wenn unser Gehör nur einen Bruchteil davon wahrnimmt. Es sind vor allem die Hochfrequenzen, die wir mit dem Gehör nicht wahrnehmen können, deren Schwingungen uns aber dennoch erreichen.

So wie Erde, Sonne und Mond und alle anderen Planeten ihren ureigenen Klang erzeugen, senden auch wir unseren individuellen Klang, unsere Frequenzen durch Worte und Gedanken aus.

Im Diätendschungel

Essen führt uns zum Sein. Bewußtes Essen leitet uns zum bewußten Sein = Bewußtsein. Ernährung, Lebensmittel sind Mittel, die unsere Mitte stärken, und dadurch helfen sie uns, eine angestrebte Entwicklung zu erreichen. Die Antwort auf die Frage, welche Ernährung die passende für uns ist, liegt immer in uns selbst. Die Methode, diese Antwort zu finden, sollte zu uns passen. Ernährungsberatung kann eine wertvolle Hilfe bei der Suche unseres individuellen Ernährungsmandalas sein. Sie gilt jedoch nur für einen bestimmten Zeitraum. Der Berater hat die Funktion eines Spiegels. Durch ihn können interessante Aspekte ans Licht geholt werden. Aber es ist ganz wichtig zu prüfen, ob die Empfehlungen mit unserer inneren Stimme im Einklang sind. Sonst empfinden wir die Empfehlungen als von außen auferlegte Diät, als Dogmatik und verlieren gänzlich unsere Freude am Essen, was die energetische Wirkung jeder Nahrung - und sei sie noch so wertvoll - herabsetzt. Wir sind mit unseren Sinnen ausgestattet, um zu erkennen, ob wir Ja zur Nahrung sagen können. Wir sind frei, uns immer wieder neu zu entscheiden, was wir unserem Körper geben möchten. Wenn Du anfangs noch kein Gefühl dafür entwickeln kannst, was Dein Körper braucht und was Du wirklich möchtest, kann es Dir vielleicht helfen, ein Pendel oder einen Biotensor zur Hilfe zu nehmen. Beide Methoden sind leicht erlernbar und können Dir auf dem Weg, Deine innere Stimme zu finden, sehr helfen. Mit ihrer Hilfe kannst Du Dich auf Deinem Weg durch das unendlich vielfältige Angebot von Nahrungsmitteln führen lassen.

Alles, was existiert, hat eine bestimmte Ausstrahlung und Wirkung auf uns - also auch jedes Nahrungsmittel.

Hören wir auf, all das, was wir essen, in gesunde und schlechte Nahrung einzuteilen. Beginnen wir einfach zu erkennen, was wann wie wo in welcher Menge für uns das Beste ist.

»Ich habe mich an allem Möglichen orientiert, nur zu selten an mir.«

- K. Allert-Wybranietz

3. Teil

Die traditionelle chinesische Ernährungslehre

Beantworte für Dich die folgenden Fragen:

Schmeckt mir mein Essen?

Wie fühle ich mich meistens nach dem Essen?

Freue ich mich auf mein Essen?

Fördert mein Essen meine Gesundheit?

Die Traditionelle Chinesische Medizin (TCM) gehört mit der ayurvedischen und tibetischen Medizinlehre zu den ältesten ganzheitlichen Gesundheitssystemen. Ein wichtiger Teilbereich der TCM ist die Ernährungslehre, die zur Vorbeugung, Gesunderhaltung, zur Unterstützung anderer Therapien wie Akupunktur und Kräutertherapie und eben zur Heilung eingesetzt wird.

Eine allgemeine Form der Ernährung, die dem Menschen zur Prophylaxe und Gesunderhaltung dient, wird von einer Form der Ernährungstherapie unterschieden, die im Falle von Krankheit als Heilernährung angewandt wird oder andere Therapiemethoden unterstützt.

Basierend auf den Prinzipien von Yin und Yang und der Lehre von den Fünf Elementen sowie dem Wissen um die Wirkungen der Geschmäcke und den thermischen Eigenschaften der Nahrungsmittel, ist im Laufe von über 3000 Jahren ein weites Spektrum an Wissen zusammengetragen, überliefert, gepflegt und erweitert worden.

Da viele der in ihrer spezifischen Wirkung erforschten Nahrungsmittel und Kräuter auch in unseren Breitengraden wachsen, läßt sich die traditionelle chinesische Ernährungslehre leicht auf unseren westlichen Kulturkreis übertragen. Die großen Erfolge durch diese Ernährungsweise resultieren aus der einfachen, preiswerten und tiefgreifenden Veränderung, die bei einer Ernährungsumstellung stattfindet. Bei degenerativen Erkrankungen spielt allerdings der Zeitfaktor eine große Rolle, und es sind manchmal viele Jahre für eine Regeneration durch Ernährung notwendig.

In der traditionellen chinesischen Ernährungslehre steht der Mensch im Mittelpunkt, und anhand seiner individuellen Bedürfnisse werden die passenden Lebensmittel und Kräuter ausgewählt.

Ist der Mensch gesund, kann er sich mit dem Wissen um die Wirkung von Nahrungsmitteln, besonders in bezug auf Geschmack und Thermik, jederzeit optimal ernähren, indem er sich aus dem zur Verfügung stehenden Nahrungsangebot das für ihn Passende auswählt. Diese Vorgehensweise steht im Gegensatz zu allen Diäten, wo sich der Mensch einer bestimmten Ernährungsweise anzupassen hat.

Wenn jemand krank ist, geht der Ernährungsauswahl immer eine genaue Diagnose voraus. Auch im Ayurveda, in der Tibetischen Medizin und in der westlichen Homöopathie gibt es eine Konstitutionsdiagnostik, die allen Ernährungsempfehlungen und Behandlungen vorausgeht. Dementsprechend wird in diesen Gesundheitssystemen der ganze Mensch behandelt, bis er sein Gleichgewicht auf geistiger, emotionaler und körperlicher Ebene wiedergefunden hat.

Da Ernährungs- und Kräutertherapie, Akupunktur, Massage und Qi Gong ineinanderübergehende Methoden in der TCM sind, gibt es auch keine Trennung zwischen ihnen. Ein guter Koch besitzt dementsprechend auch Kenntnisse in der Kräuterheilkunde, Grundlagen der TCM und kennt das Meridiansystem mit seinen Akupunkturpunkten. Ärzte, die traditionell arbeiten, kennen die Wirkung von Kräutern und Nahrungsmitteln und wissen, wie sie therapeutisch eingesetzt und zubereitet werden müssen.

In perfektem   *Yin-Fülle*   *Yang-Fülle*
Gleichgewicht   *Yang-Mangel*   *Yin-Mangel*

Sind Yin und Yang im menschlichen Körper ausgewogen und alle Organe in Harmonie, fühlen wir uns ausgeglichen und gesund. Yin-Fülle bedeutet, daß wir ein Übermaß an Kälte und Feuchtigkeit im Körper haben.

Bei einer Fülle von Yang ist im Körper zuviel Hitze. Bei einem Mangel an Yang besteht eine Unterfunktion aller Organe aufgrund innerer Kälte. Wenn es dem Körper an Feuchtigkeit und Säften mangelt, entsteht ein Yin-Mangel. Diese vier Zustände können anhand der traditionellen chinesischen Diagnostik (Einordnen von Symptomen, Puls- und Zungendiagnostik) genau differenziert werden. Bei Mangelzuständen liegt die Ursache in den Nieren, da sie die Wurzel aller anderen Organe bilden. Hier gibt es nie einen Zustand der Fülle.

Falls gleichzeitig ein Yin- und Yang-Mangel besteht, sind beide Nieren angegriffen. Die Nierenenergie kann durch entsprechend ausgewählte Ernährung - über einen längeren Zeitraum - erhalten und aufgebaut werden.

Innere Erkrankungen sowie Kälte- und Leere-Erkrankungen werden dem Yin zugeordnet und können sich durch folgende Symptome zeigen:

- ein blasses Gesicht
- Kältegefühl
- Abneigung gegen Kälte
- Erleichterung durch Druck, Massage und Wärme (Wärmflasche)
- keinen Durst und eine Abneigung gegen kalte Getränke
- Energielosigkeit und Müdigkeit
- introvertiertes, zurückgezogenes und ruhiges Verhalten
- eine schwache Stimme
- kurzer und schwacher Atem
- reduzierter Appetit und eine Neigung zu geblähtem Unterbauch
- die Ausscheidung von viel klarem oder hellgelbem Urin
- wässriger, breiiger Stuhlgang
- mangelnde Libido
- Frauen neigen zu kurzen Perioden mit hellem Blut und langen Abständen

Der Puls ist bei Yin-Erkrankungen tief, langsam und leer, die Zunge blaß und feucht. Sie ist ohne Belag oder hat einen dünnen, weißen Belag. Generell entsprechen diese Merkmale dem Bild der Yin-Konstitution.

Der energetische Ausgleich durch Nahrungsmittel erfolgt hier durch eine Kombination von neutralen, erwärmenden und eventuell erhitzenden Nahrungsmitteln mit den Geschmacksrichtungen süß und scharf.

Gleichzeitig sollten die ernährungsbedingten Ursachen für diesen Zustand vermieden werden, das heißt Tiefkühlkost, Mikrowellenerwärmtes, Fast Food, Butterbrote und kalte Mahlzeiten sollten durch warmes, frisch zubereitetes Essen ersetzt werden.

YANG-ERKRANKUNGEN

Äußere Erkrankungen, Wärme- und Hitzeerkrankungen sowie Fülleerkrankungen werden dem Yang zugeordnet. Dabei können die folgenden Symptome, die auch dem Yang-Konstitutionsbild ensprechen, auftreten:

- rotes Gesicht
- warme Hände
- Abneigung gegen Wärme, Druck und Massage
- Durst und Lust auf kühlende Getränke
- energiegeladener und ruheloser Typus
- überaktives und extrovertiertes Verhalten
- laute und rauhe Stimme
- tiefer Atem
- guter Appetit
- brennendes Empfinden in der Magengegend
- Ausscheidung von wenig dunklem Urin
- Neigung zu Verstopfung
- starkes sexuelles Verlangen
- bei Frauen erfolgt die Menstruation mit viel dunkelrotem Blut und häufig mit Reizbarkeit und Spannung in den Brüsten

Diagnostisch lassen sich diese Yang-Merkmale in einem oberflächlichen, schnellen und vollen Puls bestätigen. Die Zunge kann dabei rot und trocken sein oder einen dicken, gelben Belag haben.

Durch das Vermeiden süßer und scharfer Speisen mit erwärmender und erhitzender Wirkung kann hier die ernährungsbedingte Ursache für diesen Zustand vermieden werden. Auf Fleisch, Fisch und hochprozentigen Alkohol sowie Kaffee sollte verzichtet werden.

Bitter-kalt hilft bei Fieber, sauer-kalt bei Fieber mit Schweißausbrüchen. Salzig-kalt wirkt Verstopfung entgegen. Scharf-kalt schafft Ausgleich bei äußerer Hitze durch bioklimatischen Einfluß.

Ein Mangel an Yin kann sich durch trockene Haut, trockenen Stuhlgang (sehr fest) und ein allgemeines Empfinden von Trockenheit, besonders in Mund und Hals, ausdrücken. Schlafstörungen, heftige Träume sowie Schwitzen, heiße Handflächen und Fußsohlen in der Nacht können weitere Hinweise darauf sein. Der Geist ist meist unruhig. Abmagerung, wobei das Gesicht blaß ist und die Wangen am Nachmittag rot werden, kann eine Begleiterscheinung dieses Mangels sein.

Bei diesen Zuständen ist es wichtig, in erster Linie alle verursachenden Faktoren zu vermeiden:
- Yang aufbauende Nahrungsmittel
- scharfe Gewürze mit erhitzender Wirkung
- Lammfleisch, Ziegenkäse
- Lauch, Zwiebeln, Knoblauch, Buchweizen
- Nahrungsmittel mit bitterem Geschmack (trocknen aus)
- Kaffee, schwarzer Tee
- Rauchen
- Grillen und Rösten von Speisen
- Sauna und übermäßiges Schwitzen
- Schlafmangel
- zu viel Salz
- wenig Trinken

Das Yin des Körpers kann durch genügend Schlaf wieder aufgebaut werden. Zwischen 22 Uhr abends und 2 Uhr morgens ist die kosmische Yin-Energie am höchsten. Eine erfrischende, säftehaltige Ernährungsweise und viel reines Quellwasser über einen Zeitraum von mehreren Monaten bis hin zu einigen Jahren sind der beste Weg, langfristig einen Yin-Mangel auszugleichen.

Wenn gleichzeitig ein Mangel an Yang besteht, ist es wichtig, die folgenden Nahrungsmittel individuell angepaßt zu verwenden.

GETREIDE:	Reis
	Weizen
BOHNEN UND SAMEN:	Fructus Lycii
	Lotossamen
	Mungbohnen
	schwarzer Sesam
	gelbe Sojabohnen
	schwarze Sojabohnen
GEMÜSE:	Brokkoli
	Champignon
	Chinakohl
	Funghus, schwarzer
	Kartoffel
	Klettenwurzel
	Lilienblüten
	Meeresgemüse
	weißer Rettich
	Sellerie
	Shitakepilz
	Spargel
	Spinat
	Tomate
	Weißkohl
	Zucchini
OBST/SONSTIGES:	Apfel
	Birne
	Honig
	Kokosmilch
	Rohrzucker
	Trauben, rote

FLEISCH:
Ente
Hase
Knochenmark, allgemein
Knochenmark vom Schwein
Schweinefleisch
Schweinenieren

FISCH:
Austernfleisch
Karpfen
Krabben
Krebsfleisch
Muscheln (keine Miesmuscheln)
Schnecken

MILCHPRODUKTE:
Dickmilch
Eigelb
Frischkäse
Kuhmilch
Schwalbennest

SUPPEN:
Fischsuppe
Geflügelkraftbrühe mit chinesischer
Angelikawurzel (nicht während der
Schwangerschaft oder Menstruation)
Kraftbrühe mit Knochen und Kno-
chenmark (das Knochenmark auf Wei-
zen- oder Dinkelbrot essen)

GETRÄNKE:
warmes Weizenbier
Tee aus schwarzen Sojabohnen

Wärme, Energie und Abwehrkraft sind die Merkmale von Yang. Ein Mangel an Yang-Energie führt zu einer inneren Abkühlung, wobei der Energiefluß stagniert. Yang-Mangel kann sich in Organsenkung (zum Beispiel Gebärmuttersenkung, Darmsenkung, Blasensenkung) und ständig breiigem Stuhl äußern. Beim Mann kann Impotenz in Verbindung mit Rückenschmerzen auf eine Nieren-Yang-Schwäche hindeuten. Diese Symptome können von Ängsten, Depression und Trauer begleitet werden.

Die Ursache für einen Mangel an Yang liegt meist in einer Ernährung aus zuviel Rohkost und kalten Speisen. Deshalb sollte Rohes, besonders Blattsalate, Sellerie, Pilze, Südfrüchte und Meeresgemüse wegen ihrer kalten und kühlenden Eigenschaften nicht gegessen werden. Bei jeder Abkühlung des Körpers wird immer das Yang der Nieren mit aufgebaut.

Da die Feuerniere (das Feuer der Nieren) mit dem Feuerelement in Verbindung steht und für das »innere Feuer« des Körpers zuständig ist, benötigt sie warme Nahrungs-Energie, um es am »Brennen« zu erhalten. Also: dreimal täglich warm essen und nur warme Getränke zu sich nehmen. Eine Ernährung mit den Geschmäcken süß-warm, scharf-warm und bitter-warm, ergänzt mit erwärmenden Kräutern, über einen Zeitraum von mehreren Monaten kann hier Abhilfe schaffen. Es kann auch mehr Fleisch oder statt dessen Kraftbrühe gegessen werden. Unterstützend halten Nierengurt, warme Socken und Schuhe die Nieren und den Nieren-Meridianpunkt 1, der unter den Füßen liegt, von außen warm. Bei kalten Füßen wirkt ein Ingwerfußbad vor dem Schlafengehen herrlich erwärmend: frisch geriebener Ingwer wird in ein Baumwollsäckchen gegeben, ins heiße Wasser gelegt und ausgedrückt. Zur Anregung des Kreislaufs kann anschließend der ganze Körper damit abgerubbelt werden. Kurze kalte Duschen, besonders zwischen 7 und 8 Uhr morgens regen die körpereigene Kortisonproduktion und damit die Immunabwehr an. Psychisch wird durch das positive Annehmen von Herausforderungen Mut und Willenskraft und somit die Nieren gestärkt. Wenn gleichzeitig ein Mangel an Yin besteht, ist es wichtig, die folgenden Nahrungsmittel individuell angepaßt zu verwenden.

GETREIDE:	Amaranth
	gerösteter Buchweizen
	Hafer
	Haferflocken
	geröstete Hirse
	roter Mais
	Polenta
	gerösteter Reis
	Sago
	gerösteter Süßreis
	Weizen
BROT:	Bockshornkleesamen-Brot
	Walnußbrot
	Zwiebelbrot
NÜSSE:	Haselnüsse
	Kastanien
	Pistazien
	Walnüsse
GEMÜSE:	Fenchel (macht roh zu heiß, kann zu Muskelverspannung führen)
	Frühlingszwiebeln
	Knoblauch
	Kürbis
	Lauch (macht fünf innere Organe warm, nicht bei Yin-Mangel anwenden)
	Möhren
	Petersilie
	Süßkartoffeln
	Wurzelgemüse (etwas pikant und scharf zubereitet)
	Zwiebel (macht roh zu heiß, kann zu Muskelverspannung führen)

OBST/SONSTIGES:	Aprikosen
	Bratäpfel oder gekochte Äpfel
	rote Datteln
	Honig
	Kirschsaft
	Kirschschnaps
	Lychee
	Süßkirsche
FLEISCH:	Hammelnieren
	Hirschfleisch
	Huhn (Geflügelkraftbrühe)
	Lammfleisch
	Lammnieren
	Wachteln
FISCH:	Aal
	kleine Garnelen
	Hummer
	Krabben
	Miesmuscheln
	Shrimps
MILCHPRODUKTE:	Schafsmilch
	Ziegenmilch
KRÄUTER/ GEWÜRZE:	Anis
	Bockshornkleesamen
	Fenchel
	5 Gewürze (chinesische Gewürzmischung)
	Ingwer
	getrockneter Ingwer

Kräuter/Gewürze: Kümmel
Muskat*)
Nelke*)
Pfeffer*)
Rosmarin
Sternanis*)
Thymian
Zimtrinde

Getränke: Yogitee

*) sehr erhitzende Gewürze, nicht bei Yin-Mangel verwenden.

DIE WIRKUNGEN DER GESCHMÄCKE

Der Schlüssel zur Klassifizierung von Nahrungsmitteln ist in der Traditionellen Chinesischen Medizin in erster Linie der Geschmack. Bis ins Mittelalter gab es im westlichen Kulturkreis auch noch das Wissen um die Wirkung der Geschmäcke auf den Organismus. Wir können die Geschmäcke als Verdichtung himmlischer Kräfte ansehen, die sich auf der Erde sammeln und eine alchimistische Wirkung auf den Körper haben.

Für eine ausgewogene Ernährung ist es sinnvoll, alle fünf Geschmacksrichtungen zu verwenden, damit alle Organe und ihre Funktionen auf energetischer Ebene ausgewogen genährt und stimuliert werden.

Unserer Mitte, dem Erdelement, entsprechen auf der Organebene Milz, Magen und Bauchspeicheldrüse. Sie benötigt alle fünf Geschmacksrichtungen, um im Gleichgewicht zu bleiben.

Ein »Zuviel des guten Geschmacks« kann Beschwerden verursachen. Viele gesundheitliche Probleme basieren lediglich auf der Überbetonung eines Geschmacks. Unser Essen ist meist zu salzig und zu süß: vor allem durch versteckte Salze und Einfachzucker in Fertigprodukten wird eine spannungsgeladene Ernährung bewirkt, die sich auf körperlicher und emotionaler Ebene auswirkt und viele degenerative Beschwerden fördert.

Aus der Sicht der traditionellen chinesischen Medizin besitzt jeder Geschmack eine betonte Yin- oder Yang-Qualität. Yin drückt sich durch eine Bewegungsrichtung nach unten und eine Energierichtung nach innen aus. Dies ist bei dem Geschmäcken sauer/adstringierend und bitter der Fall. Süß und scharf besitzen Yang-Qualität mit einer Bewegungsrichtung nach oben und einer Energierichtung nach außen. Der salzige Geschmack wird immer als kalt, verbunden mit einer Yin-Energie, beschrieben. Salz hat jedoch, abhängig von seiner Kombination mit anderen Komponenten, Wasser- und Feuer- und damit Yin- und Yang-Eigenschaft.

Die Wirkungen der Geschmäcke werden im Zusammenhang mit

den Nahrungsmittellisten genauer erklärt. Um ihre Yin- oder Yang-Qualität in bezug auf ihre Bewegungs- und Energierichtung zu verstehen, ist es sehr hilfreich, die Übung 17 (Seite 78) zu machen.

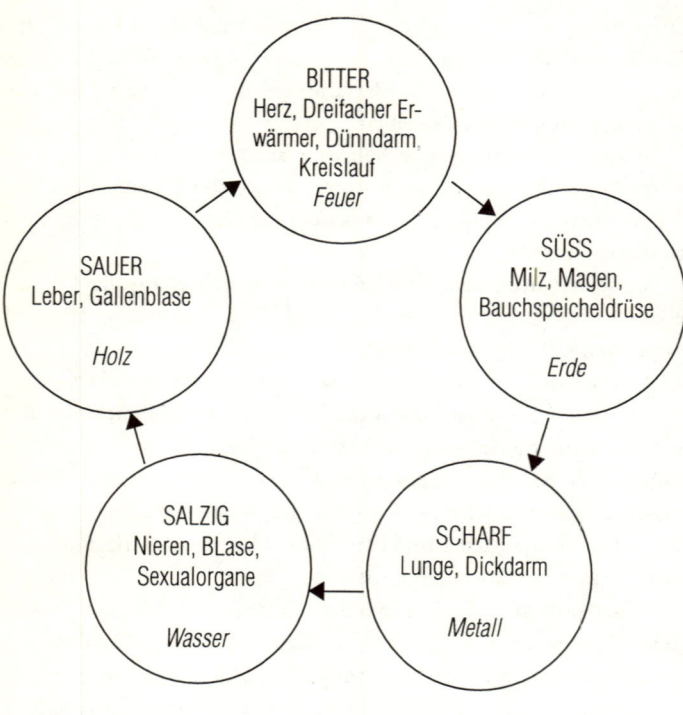

Die Geschmacksrichtungen mit ihren Organzuordnungen

Die Zuordnung der Geschmäcke zu den Elementen anhand der Darstellung des Fütterungszyklus entspricht einem kurzfristigen energetischen Ausgleich. Das heißt, der zugeordnete Geschmack regt kurzfristig die Organe an. Kaffee mit dem bitteren Geschmack ist dem Feuerelement zugeordnet und wird beispielsweise benutzt, um kurzfristig den Kreislauf anzuregen. Die Lust auf Süß stellt sich ein, wenn der Blutzuckerspiegel sinkt. Das Verlangen nach einem bestimmten Geschmack gibt Hinweise auf den Leerezustand eines Organs und wird in der TCM-Diagnostik als »Botschaft« angesehen.

Bei einem Füllezustand eines Organs macht sich dies durch eine entsprechende Geschmacksempfindung, die wir im Mund wahrnehmen, bemerkbar, es besteht dann auch eine Abneigung gegen eben diesen Geschmack.

Die Anwendung der Geschmäcke in der traditionellen chinesischen Ernährungs- und Kräutertherapie erfolgt nicht in Form dieser kurzfristigen Anregung, sondern in der Art und Weise, wie sie auf die Organe und ihre Funktionen wirken.

HOLZ: der saure/adstringierende Geschmack wirkt auf die Organe des Wasserelementes

FEUER: der bittere Geschmack wirkt auf die Organe des Metallelementes

ERDE: der süße Geschmack wirkt auf die Organe des Holzelementes

METALL: der scharfe Geschmack wirkt auf die Organe des Feuerelementes

WASSER: der salzige Geschmack wirkt auf die Organe des Erdelementes

Übung 17

Beobachte, was geschieht, wenn Du die verschiedenen Geschmäcke probierst. Mache Dir Notizen und ordne Deinen Empfindungen Yin- und Yang-Eigenschaften zu (siehe dazu auch Tabelle Seite 16)

süß: 1 Teelöffel Honig im Munde zergehen lassen

scharf: 1 Stück frischen Ingwer kauen

salzig: den Mund mit salzigem Mineralwasser spülen

salzig: 1 Prise pures Salz auf die Zunge legen

sauer: 1 Scheibe Zitrone eine Weile im Mund belassen

bitter: 1 Stück Löwenzahnwurzel gut kauen

DIE THERMISCHEN EIGENSCHAFTEN VON NAHRUNGSMITTELN

Den Fünf Elementen wurden in den vorangegangenen Kapiteln bereits Getreide, Gemüse, Gewürze, Fleischsorten und so weiter aufgrund ihres Hauptgeschmackes oder ihrer Affinität zugeordnet. Die folgenden Nahrungsmittellisten mit mehr als 400 Klassifizierungen machen darüber hinaus auch die thermische Qualität von Lebensmitteln deutlich. Diese ist von Bedeutung bei der Anpassung an bioklimatische Faktoren und wenn Leere- oder Füllezustände von Organen ausgeglichen werden sollen.

Wer gesund ist und in einem gemäßigten Klima lebt, kann sich vorwiegend mit warmen, neutralen und erfrischenden Produkten ernähren. In der Ernährungs- und Kräutertherapie und wenn bioklimatische Einflüsse dazukommen, spielen auch heiße und kalte Nahrungsmittel eine große Rolle.

HEISSE NAHRUNGSMITTEL

Hammel-, Lamm-, Schaf- und Ziegenfleisch tragen diese erhitzende Energie. Bockshornklee, Zimtpulver, Fencheltee sowie verschiedene scharfe Gewürze und hochprozentiger Alkohol sind weitere Zutaten, mit denen wir während des Winters oder bei innerer Kälte kochen können, um den Organismus zu wärmen. Für Menschen, die sich vegetarisch ernähren und bei einer Yang-Leere sind kleine Mengen heißer Nahrungsmittel empfehlenswert. Wenn ein Mangel an Yin besteht, sollen sie unbedingt vermieden werden. Heiße Nahrungsmittel, vor allem die Kombination von hochprozentigem Alkohol, scharfen Gewürzen und Fleisch, können innere Hitze, also eine Yang-Fülle, erzeugen.

WARME NAHRUNGSMITTEL

Hähnchen und Huhn sind erwärmend und werden gerne für Qi- und Blut aufbauende Kraftsuppen verwendet. Verschiedene Wild- und Fischarten tragen ebenfalls diese warme Energie.

Grünkern, Buchweizen, Amaranth, Sago, süßer Reis und Hafer sind Getreide, die Energie und Wärme liefern, also geeignete Spender für Kohlenhydrate an kalten Tagen und im Winter, besonders in Kombination mit erwärmenden Nüssen und Kernen. Verschiedene Gemüse, Kräuter und Gewürze mit warmer Energie sind ideal für die Wintermonate und für Menschen mit einer Kältekonstitution. Der Anteil wird bei Kälte erhöht, bei Wärme reduziert.

NEUTRALE NAHRUNGSMITTEL

Dem Element Erde sind die meisten Nahrungsmittel zugeordnet, die eine neutrale Eigenschaft besitzen und ausgleichend auf unseren Organismus wirken. Kraftsuppe aus Rindfleisch harmonisiert alle Organe.

Die meisten Bohnen und Hülsenfrüchte besitzen ebenfalls eine neutrale Qualität und wirken speziell auf die Organe, die dem Wasserelement zugeordnet sind. Lebensmittel mit neutralen Eigenschaften können immer verwendet werden.

ERFRISCHENDE NAHRUNGSMITTEL

Der Körper benötigt erfrischende Nahrungsmittel zur Produktion von Körpersäften und Blut. Sie schützen vor Blut- und Yin-Mangel, besonders im Sommer und in Ländern mit heißem Klima. Viele Gemüsesorten, einheimische Früchte und Kräuter sowie vergorene Milchprodukte und Milchsaures tragen diese erfrischende Energie. Gerste, Perlgraupen, Roggen, Dinkel, Weizen und Reis sind passende Getreide für die wärmeren Jahreszeiten und Klimazonen. Bei einem Mangel an Yang (Wärme und Energie) ist es wichtig, erfrischende Lebensmittel individuell einzusetzen.

KALTE NAHRUNGSMITTEL

Hierzu gehören Mungbohnen, Kresse und Spargel. Südfrüchte, wie Banane, Kaki, Sternfrucht, Mango, Maulbeere und Wassermelone, aber auch Rhabarber kühlen den Körper bei starker Sonnenhitze ab. Alle bitteren Blattsalate, Chicorée, Kletten- und Löwen-zahnwurzel sowie verschiedene bittere Kräutertees senken das Yang des Körpers und werden bei Hitzeerkrankungen in der Ernährungs-therapie verwendet. Alle Meeresgemüse, Meersalz, Miso und Soja-soße werden vor allem in der makrobiotischen Krebsdiät erfolg-reich eingesetzt, um Tumore, Geschwüre und Zysten, die aus den Komponenten Hitze und Schleim entstanden sind, aufzulösen.

Lebensmittel mit kalter Energie sind für Menschen mit einer Kältekonstitution, für kleine Kinder und in kalten Jahreszeiten in der Regel nicht geeignet.

SYMBOLE

In den nachfolgenden Tabellen zur Bestimmung von Lebensmit-teln nach den Geschmacksrichtungen und den thermischen Eigen-schaften werden folgende Symbole verwendet, um die thermische Qualität anzuzeigen:

 heiß

 wärmend

 neutral

 erfrischend

 kalt

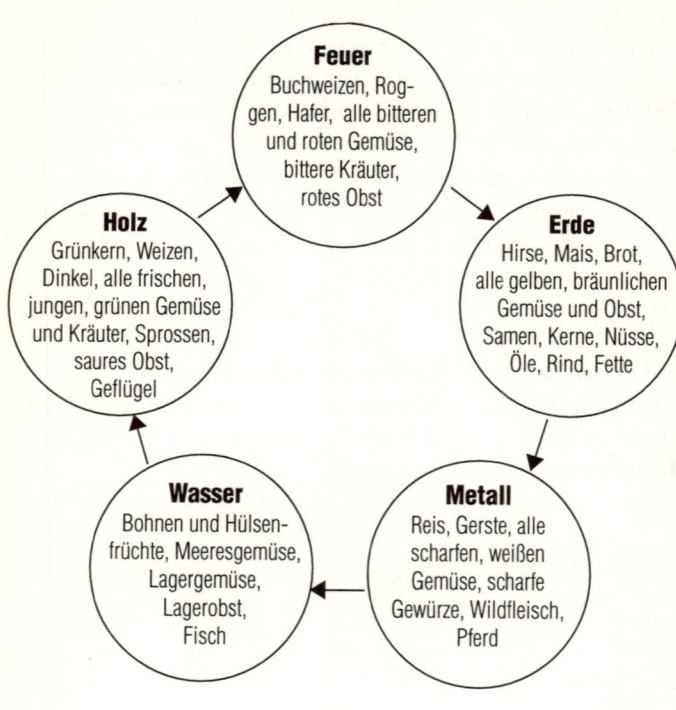

Feuer
Buchweizen, Rog-
gen, Hafer, alle bitteren
und roten Gemüse,
bittere Kräuter,
rotes Obst

Holz
Grünkern, Weizen,
Dinkel, alle frischen,
jungen, grünen Gemüse
und Kräuter, Sprossen,
saures Obst,
Geflügel

Erde
Hirse, Mais, Brot,
alle gelben, bräunlichen
Gemüse und Obst,
Samen, Kerne, Nüsse,
Öle, Rind, Fette

Wasser
Bohnen und Hülsen-
früchte, Meeresgemüse,
Lagergemüse,
Lagerobst,
Fisch

Metall
Reis, Gerste, alle
scharfen, weißen
Gemüse, scharfe
Gewürze, Wildfleisch,
Pferd

Ernährungsmandala -
Der Fütterungszyklus der Fünf Elemente

DER SÜSSE GESCHMACK

Energie:	Yang
Bewegungsrichtung:	nach oben
Energierichtung:	nach außen

Süß kräftigt den Körper durch Anregen und Aufbauen von Energie. Bei Müdigkeit und Energiemangel ist Süß der wichtigste Geschmack in der Ernährungs- und Kräutertherapie. Fast alle chinesischen tonisierenden Kräuter sind süß. Nahrungsmittel mit süßem Geschmack befeuchten den Körper, weil die Produktion der Körpersäfte, die die Grundsubstanz des Blutes bilden, angeregt wird. Dies ist vor allem bei süß-erfrischenden Nahrungsmitteln der Fall. Bei Schleim- und Feuchtigkeitsansammlungen im Körper oder einer Neigung zu Ödemen sind sie nicht angebracht. Um das Yin der Nieren zu nähren, eignen sich vor allem süß-erfrischende Nachtschattengewächse wie Aubergine und Paprika sowie vorwiegend süßneutrale und erfrischende Lebensmittel.

Süß-kalte Nahrungsmittel entspannen und verlangsamen. Vor allem in der Kombination mit Milchprodukten, wie beispielsweise Bananenquark und Milcheis, verlangsamen sie die Verdauung.

Die thermische Qualität süßer Lebensmittel umfaßt die ganze Bandbreite von heiß, warm über neutral und erfrischend bis hin zu kalt.

Der süß-neutrale Geschmack befeuchtet und beruhigt gleichzeitig. Ist das Qi der Leber gestaut, helfen Nahrungsmittel dieser Qualität in Verbindung mit etwas scharfen Gewürzen, die Leber zu harmonisieren und zu entspannen. Das ist unter anderem auch der Grund, weshalb Süßigkeiten bei emotionaler Anspannung so beliebt sind. Es entsteht kurzfristig durch Befeuchtung der Leber eine Entspannung.

Süß ist der Geschmack, der generell eingesetzt wird, um Energiestagnationen in der Leber zu lösen. Süß in Kombination mit leicht scharfen Speisen belebt das Qi, tonisiert das Yang und wärmt.

GETREIDE UND HÜLSENFRÜCHTE

☼ Amaranth
Reis, süßer
Sago

☯ Hirse
Mais, Polenta
Reiskleie

◐ Gerste
Mehle, Flokken, Grütze
Hefebrot
Perlgraupen
Reissprossen
Weizenkleie
Gerstensprossen

❋ Mungbohnensprossen

NÜSSE

☼ Eßkastanie
Kokosmilch
Kürbiskerne
Pinienkerne
Pistazie
Walnuß

☯ Erdnuß
Haselnuß
Kokosnußfleisch
Mandel
Sesam

◐ Cashewnuß
Sonnenblumenkerne

GEMÜSE

☼ Boretsch
Fenchel
Kürbis
Möhre
Süßkartoffel

☯ Avocado
Buschbohne
Erbse
Funghus
Kartoffel
Kohl, alle Sorten
Rübe
Shitakepilz
Tarowurzel
Topinambur
Yamswurzel

◐ Aubergine
Blumenkohl
Brokkoli
Champignon
Chinakohl
Gemüsepaprika
Gurke
Knopfpilz
Lotoswurzel
Mangold
Paprika
Schwarzwurzel
Sellerie
Spinat
Zucchini

❋ Bambussprossen
Spargel

OBST

☼ Aprikose
Korinthe
Litschi
Longan
Pfirsich
Rosine
Süßkirsche
Traube, rote

☯ Ananas
Dattel
Dattel, chin.
rote, getrocknet
Feige
Honigmelone
Papaya
Pflaume (alle
süßen Sorten)

◐ Apfel
Birne
Brombeere
Erdbeere
Heidelbeere
Himbeere
Wasserkastanie

❋ Banane
Kaki
Karambole
Mango
Maulbeere
Wassermelone

FLEISCH

☯ Kalb
Rind
Rinderleber

MILCHPRODUKTE

☯ Butter
Dickmilch,
süße
Eigelb
Joghurt, süßer
Käse, hoher
Fettgehalt
Kuhmilch
Sahne, süße
🌢 Eiweiß

SONSTIGES

☯ Schwalbennest
🌢 Seitan, Wei-
zengluten
Tofu

GEWÜRZE, ÖLE UND SÜSSMITTEL

✸ Zimtpulver
☼ Amasake
Vanille
Walnußöl
☯ Erdnußöl
Gerstenmalz
Honig
Malz
Marzipan
Rohrzucker
Safran
Süßholz
Zucker, weiß u.
braun
🌢 Ahornsirup
Distelöl
Estragon
Kuzu, (Wild-
pfeilwurzelmehl)
Olive, Olivenöl
Reismalz
Sesamöl
Sojaöl
Sonnenblumen-
öl
Weizenkeimöl

GETRÄNKE

☼ Alkohol, süßer
Honigwein
Likör
Mirin (Reis-
likör)
Traubensaft
Wein, süßer
☯ Malzbier
🌢 Gemüsesaft
Sojamilch

KRÄUTERTEES

✸ Fencheltee
☼ Angelikawur-
zel, chin. Ra-
dix Angelicae
sinensis
Kümmeltee
Weißdornfrüchte
☯ Maishaartee
Süßholztee
🌢 Breitwegerich-
blätter
Kamillentee
Lilienblüte,
chinesische
❄ Breitwege-
richsamen
Geißblatt-Tee

In der Ernährungstherapie werden süße Nahrungsmittel bei allen Leere-Zuständen wie Qi-, Yang-, Blut- und Yin-Mangel eingesetzt. Bei Qi-Mangel werden süß-warme und neutrale, bei Yang-Mangel werden süß-warme und neutrale Nahrungsmittel in Kombination mit scharf benutzt, süß-warme Nahrungsmittel sind bei Blutmangel, und süß-kalte Nahrungsmittel bei Yin-Mangel hilfreich. Eine Kürbissuppe zum Beispiel tonisiert, regt an, kräftigt und befeuchtet. Bei einem Yang-Überschuß in Milz und Bauchspeicheldrüse dürfen süß-heiße Nahrungsmittel wie Zimtpulver oder Fencheltee, nicht angewendet werden. Kombiniert mit etwas scharf-warm, wie Ingwer, stärken Lebensmittel des süß-warmen Geschmacks die Immunität, weil sich das Qi zur Oberfläche der Haut bewegen kann. Süß harmonisiert, ernährt und wirkt auf alle Organe ausgleichend. Im Gegensatz zu den anderen Geschmäcken können wir uns ausschließlich von Süß in Form von Vollkorngetreide über einen längeren Zeitraum ernähren. In Verbindung mit süßem Gemüse stellt es die Basis einer vollwertigen Ernährung dar. Diese komplexen Kohlenhydrate sättigen und erzeugen ein Gefühl von Zufriedenheit, Ausgeglichenheit und Stabilität. Deshalb haben wir immer dann, wenn nicht ein großer oder überwiegender Teil unserer Mahlzeiten aus Lebensmitteln des Erdelementes mit natürlich süßem Geschmack besteht, nach dem Essen Lust auf Nachtisch beziehungsweise etwas Süßes.

Kinder haben ein natürliches großes Verlangen nach Süß. Aber auch im späteren Leben bleibt Süß der Hauptgeschmack einer vollwertigen Ernährung.

Kohlenhydrate liefern uns in Form von Mehrfach- oder Einfachzuckern Energie. Bei Vollkorngetreide entfaltet sich der süße Geschmack schon auf der Zunge - vorausgesetzt, daß wir lange genug kauen. Aber: wenn wir Getreide (außer Hirse) zu schnell essen, wird unser Organismus übersäuert.

Die Tabelle auf den Seiten 84-85 ist eine Klassifizierung von Lebensmitteln nach dem süßen Geschmack und ihrer thermischen Eigenschaft.

Getreide repräsentiert die Wirkkräfte des Erdelementes am stärksten. Es bildet die Mitte. Ebenso wie Brot paßt es zu allen anderen Nahrungsmitteln. Getreide gleicht entsprechend der Zuordnung zu den Elementen in der jeweiligen Jahreszeit aus.

Erde in Holz:	Weizen, Dinkel und Grünkern
Erde in Feuer:	Buchweizen und Roggen
Erde in Erde:	Hirse, Süßreis, Gerste, Amaranth, Mais und Sago
Erde in Metall:	Reis, Hafer
Erde in Wasser:	Hülsenfrüchte und Bohnen

Im ganzen Getreidekorn und im Samenkorn ist die gesamte Lebensenergie gespeichert. Diese geballte, zusammenhaltende Kraft besteht aus Qi und Substanz und wirkt sich vor allem auf die Nieren positiv aus. Bei Qi-Mangel sind ganze Körner besonders hilfreich. Fehlt dem Körper aber Substanz, sind Sprossen und Keimlingen aus Getreidekörnern zu empfehlen. Getreide steht seit Jahrtausenden im Mittelpunkt aller Ernährungssysteme. Wobei die Vorliebe für bestimmte Getreide durch kulturelle Traditionen und klimatische Bedingungen vorgegeben war. Meist wurde es in Form von Brei gegessen. Unsere germanischen Vorfahren aßen Haferbrei, die Tibeter einen Brei aus gerösteter Gerste, Tsampa genannt, und die Guanchen schätzten Gofio, hergestellt aus Weizen, in China sind breiige Congees sehr beliebt. Die Tradition des Brotbackens ist viel jünger.

Auch heute bildet Getreide in der ganzheitlichen Ernährung die Basis für eine vollwertige Grundnahrung. Besonders für Vegetarier ist es eine unverzichtbare Hauptenergiequelle. Es ist möglich, sich eine Zeitlang ausschließlich mit Vollgetreide zu ernähren, das ist mit Bohnen und Gemüse nicht praktikabel. Wenn wir uns allerdings lange Zeit nur von Reis ernähren, kühlt das den Körper zu stark ab und senkt die Libido. Am besten ist immer das volle Korn einheimischer Getreidesorten aus biologischem Anbau.

Wir wählen das für uns geeignete Getreide nach den thermischen Eigenschaften aus, entsprechend unserer individuellen Konstitution und der jeweiligen Jahreszeit. Alle gelagerten Getreideprodukte wie Mehl, Flocken, Nudeln und Grieß enthalten weitaus weniger der ursprünglichen Lebensenergie, die aus einem Korn eine Pflanze werden läßt. Jede Möglichkeit, frisch Gemahlenes oder Geschrotetes zu essen, sollten wir deshalb nutzen. Die zarte Silberhaut, die das Getreidekorn umgibt, enthält sogar antibiotisch wirkende Stoffe. Doch nicht jeder verträgt das volle Korn: es empfiehlt sich dann »Steinmetzgetreide« bei dem die Silberhaut vorsichtig entfernt wurde.

Vollgetreide enthalten komplexe Kohlenhydrate, Eiweiß, Fett, Vitamine und Mineralien sowie Ballaststoffe. Samen, Kerne und Nüsse ergänzen Vollgetreide. Sie sind eine natürliche Fett- und Ölquelle. Durch kurzes Rösten in der Pfanne werden sie schmackhafter, bekömmlicher und leichter verdaulich. Langes Kauen und Einspeicheln ist beim Verzehr von Vollgetreide besonders wichtig.

Ernährungshinweise aus verschiedenen Richtungen empfehlen daher immer wieder, jeden Bissen Getreide mindestens 50mal zu kauen. Die Verdauung von Kohlenhydraten wird im Mund durch das Speichelenzym Ptyalin eingeleitet. Unsere Zähne zerkleinern mit einer Kaukraft von 1,5 bis 3 kp beim normalen Zubeißen und mit maximal 60 kp beim starken Pressen die Zellulose und die Bindegewebsmembranen des Getreides. Bei diesem gründlichen Kauvorgang wird das Getreide basisch.

Wenn über viele Jahre hauptsächlich raffinierte Kohlenhydrate gegessen wurden, kommt es zu Schwierigkeiten bei der Verdauung von Vollgetreide. Die Erd-Organe Milz, Magen und Bauchspeicheldrüse sind geschwächt. Wir spüren das daran, daß wir nach dem Essen von Vollkornprodukten müde werden. Die beste Tageszeit für die Verdauung von komplexen Kohlenhydraten ist zwischen 7 und 11 Uhr. Die Organuhr steht dann auf Milz, Magen und Bauchspeicheldrüse: sie haben jetzt die meiste Energie. Zwischen 19 und 23 Uhr steht die Organuhr in Opposition zu diesen Organen, in dieser Zeit verfügt unser Verdauungstrakt über weniger Qi. Getreidemahlzeiten können bei einer geschwächten Konstitution zu Feuchtigkeitsansammlungen im Körper führen: dicke Augen und ein verquollenes Gesicht am nächsten Morgen.

Die Empfehlung: deshalb am Abend weniger und leichte Kost essen.

Starke Blähungen können durch Vollkorngetreide verursacht sein. In diesem Fall am besten den Vollkorngetreideanteil erst einmal stark reduzieren, blähungstreibende Gewürze können das Getreide bekömmlicher machen, aber auch hier ist gründliches Kauen einer der besten Wege zur Harmonisierung.

Es ist immer wieder verblüffend, daß besonders häufig gerade diejenigen, die sich mit Naturkost gesund und vollwertig ernähren, unter Energiemangel und Müdigkeit leiden. Müdigkeit nach dem Essen, besonders wenn sie zwischen 13 und 15 Uhr auftritt, kann ihre Ursache in einem Blutmangel der Leber haben. Dann hilft es, sich 20 Minuten lang hinzulegen, bis das Blut vom Verdauungstrakt wieder zur Leber zurückgekehrt ist. Wenn man nach jeder Mahlzeit müde ist, kann dies mit einer Dysfunktion des Mittleren Erwärmers zusammenhängen.

Für alle, die abnehmen möchten, ist es besonders wichtig zu wissen, daß sie abends keine Kohlenhydrate mehr essen sollten. Dann ist der folgende Rhythmus besonders hilfreich: morgens und vormittags Kohlenhydrate, mittags Eiweiß, eventuell auch Fleisch mit Gemüse, abends nur leichte Obst- und Gemüsespeisen oder eine Suppe.

Die Grundnahrungsmittel in dieser Tagesabfolge zu essen bewirkt eine sanfte Gewichtsregulierung, bei der nicht gehungert werden muß.

Das volle Korn am besten schnell unter kaltem oder lauwarmem Wasser waschen, damit keine Energie verloren geht. Danach kann man es mehrere Stunden oder über Nacht einweichen, was bei hartschaligen Sorten wie Hafer, Gerste und Reis, vor allem bei Roggen- und Weizenarten, auch zu empfehlen ist.

Getrockneter Mais wird zwei bis drei Tage in frischem Wasser, das immer wieder gewechselt wird, eingeweicht. Die Körner quellen dabei leicht auf, die Kochzeit verkürzt sich und das Korn ist besser verdaulich. Es wird leichter, saftiger und die Yin-Qualität erhöht.

Rösten dagegen, wobei dem Getreide mehr Feuer zugefügt wird, erzeugt mehr Yang-Energie, und wir erhalten dadurch eine besonders wärmende Speise. Das Getreide wird vor dem Rösten gewaschen und ohne irgendeinen Zusatz in einer schweren Pfanne geröstet. Das Getreide wird dabei ständig bewegt, bis es eine goldgelbe Farbe hat und nußartig duftet. (Das Rösten kann man als einen weitergeführten natürlichen Wachstumsprozeß ansehen, da das Reifen der Ähre durch Sonnenglut ähnlich wirkt.) Das frisch geröstete Getreide wird immer ins kochende Wasser gegeben oder vor dem Kochen wieder abgekühlt und dann mit kaltem Wasser aufgesetzt. Pro Tasse Getreide kann man eine Prise Meersalz zugeben, das Korn öffnet sich dann leichter. Während des Kochens niemals umrühren, denn es bilden sich feine Dampfkanäle zwischen den Körnern, die wir damit zerstören würden. Bezüglich der Garzeit und -methode verlassen wir uns am besten immer auf unsere Sinne und den persönlichen Geschmack.

In einer Kochkiste oder einem Thermobehälter kann vorgekochtes Getreide mehrere Stunden nachquellen.

Wird das Getreide im Drucktopf auf kleiner Flamme gegart, entspricht das energetisch gesehen einer sehr traditionellen Zubereitungsart, wobei ein schwerer Gußeisentopf mit gutsitzendem Hartholzblock, Ton- oder Gußeisendeckel benutzt wurde. Diese Methode ergibt klebrige und sehr süße Getreidegerichte. Sie ist auch

dann sinnvoll, wenn unser Körper noch nicht an Vollgetreide gewöhnt ist: es wird dadurch leichter verdaulich und enthält mehr
Wärme und Yang-Energie.

Nach dem Garen sollte das gesamte Wasser von den Körnern
aufgenommen sein. Rohes Getreide in Form von Flocken oder Grütze und Schrot sowie Frischkornbrei eignet sich für die heiße Jahreszeit und südliche Länder, auch für Typen mit einer Hitze-(Yang)
Konstitution. Einige Löffel davon regen die Verdauung an, ein gan-
zer Teller aber bewirkt genau das Gegenteil. Kombinationen aller
Getreidesorten sind möglich, Eßkastanien, Hülsenfrüchte, Samen
und Kerne können dazugegeben werden.

Um einen Getreide-Frühstücksbrei herzustellen, erhöhen wir die
Wassermenge. In der traditionellen chinesischen Ernährung nennt
man diese Breispeisen Congees, sie quellen über Nacht auf klein-
stem Feuer. Die Fermentation von Getreide zu Kisiel (saurer Brei)
und Kwass (Brottrunk) scheint früher in ganz Osteuropa verbreitet
gewesen zu sein.

MOCHI

Mochi wird aus Süßreis gemacht und enthält mehr Fett und Pro-
teine als normaler Reis. Er spendet Wärme und Energie und ist - so
zubereitet - leicht verdaulich.

Mochi läßt sich sehr einfach nach traditioneller Methode herstellen: Süßreis mit der anderthalbfachen Menge Wasser und einer
Prise Meersalz pro Tasse im Drucktopf 40 Minuten kochen. Im
normalen Topf wird er zugedeckt eine Stunde mit der doppelten
Wassermenge auf kleinster Flamme gegart. Der gekochte Reis wird
mit einem Holzmörser gestampft, bis alle Körner gebrochen sind
und eine klebrige Masse entsteht. Der Holzstößel kann zwischendurch immer wieder angefeuchtet werden, damit die Masse nicht
anklebt. Handgestampftes Mochi schmeckt süß und gibt Qi (Energie) und Wärme. Diese traditionelle Herstellungsweise ist jedoch
zeitaufwendig. Falls Du einen Fleischwolf besitzt, kannst Du den
Reis auch durch ein feines Sieb drehen.

Die Mochimasse kann anschließend mit feuchten Händen zu kleinen Kugeln geformt, und wenn man mag, in gerösteten Nußsplittern oder Kernen gerollt werden. Als Suppeneinlage: Mochi-Kugeln einige Minuten vor dem Servieren in die Suppe geben.

Mochi kann auch getrocknet werden: Die Masse ein bis zwei Tage lang auf einem zuvor mit Pfeilwurzelmehl bestreuten Backblech in einem sehr kühlen Raum trocknen lassen und dann in Stücke schneiden. Getrocknetes Mochi eignet sich zum Backen, Fritieren oder Braten in der Pfanne. Dabei geht die Masse auf und wird erheblich größer.

Hinweis: Mochi fördert die Milchbildung bei stillenden Müttern und stabilisiert das Körpergewicht.

NATÜRLICHE SÜSSMITTEL

In der Pflanze bilden sich durch Photosynthese natürliche Zuckerstoffe. Beim Essen von Vollkorngetreide, Hülsenfrüchten und Gemüse, den Basiselementen einer ganzheitlichen Ernährung, werden wir auf einem natürlichen Weg mit Zucker versorgt. Bei der Verdauung werden diese Mehrfachzucker verarbeitet, aufgespalten und in Energie transformiert. Beim gründlichen Kauen beginnen die Enzyme des Speichels bereits im Mund, die Stärke in Zucker umzuwandeln, ähnlich wie bei der Malzfermentation. Der Unterschied in der Wirkung auf unseren Gesamtorganismus ist erheblich, ob wir nun unseren Zuckerbedarf in Form von komplexen Kohlenhydraten (Polysacchariden) oder in Form von raffinierten Zuckersorten (Monosacchariden) decken.

Komplexe Kohlenhydrate finden wir in ganzheitlichen Lebensmitteln. Sie enthalten alle Stoffe, die wir zum Wachsen brauchen - und außerdem Lebensenergie. Alle raffinierten Zucker sind isolierte, tote Stoffe - ohne Lebensenergie. Wir unterscheiden folgende natürliche Zucker:

Mehrfachzucker/Polysaccharide, die in Getreide, Hülsenfrüchten und Gemüse vorkommen. *Doppelzucker/Disaccharide* aus Rohrzukker und Milch. *Einfachzucker/Monosaccharide*, die wir in Obst und

Honig finden. Durch Stoffwechselvorgänge bei der Verdauung werden komplexe Kohlenhydrate erst in Glucose/Traubenzucker und Fruchtzucker, später in Kohlensäure und Wasser verwandelt. Bei diesem komplizierten Transformationsprozeß werden Vitamine des B-Komplexes, Mineralien und Spurenelemente benötigt. Wenn wir raffinierte Zucker essen, entsteht ein zusätzlicher Bedarf an diesen Wirkstoffen beziehungsweise ein Mangel.

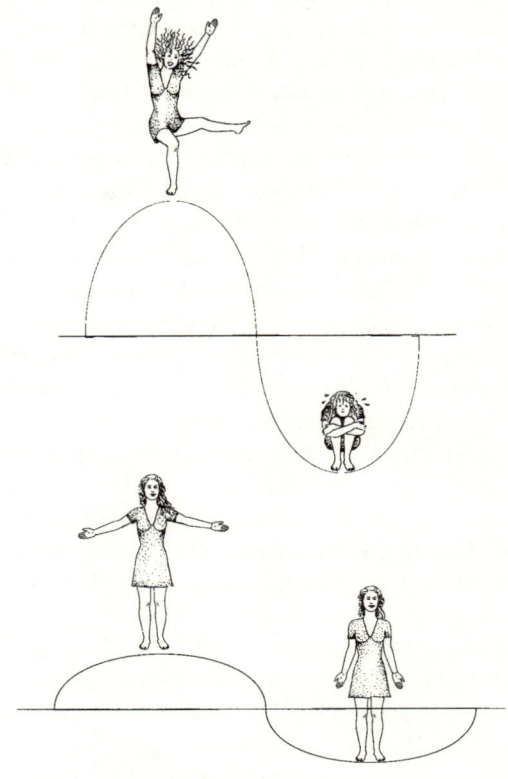

Zucker-Energiekurven bei schneller und langsamer Aufnahme

Komplexe Kohlenhydrate werden langsam umgewandelt, Kalorien werden langsam und gleichmäßig an den Organismus freigegeben. Im Vergleich mit raffinierten Zuckern entstehen unterschiedliche Energiekurven. Während die aufgenommenen komplexen Kohlenhydrate langsam in unseren Blutstrom gelangen, entsteht eine gleichmäßige, wellenförmige Energiekurve. Wir spüren das als langanhaltende Sättigung und Zufriedenheit. Raffinierte Einfachzucker gelangen viel schneller ins Blut und produzieren so eine schnell ansteigende Energiekurve. Der Blutzuckerspiegel geht dabei plötzlich in die Höhe, und eine rapid ansteigende Insulinproduktion setzt ein, um ihn wieder zu senken. Dadurch fällt er schnell wieder ab. Wir spüren das als rasch wiederkehrendes Hungergefühl, Energieverlust und zunehmende Unzufriedenheit.

Uns ist klar, daß Süßigkeiten oft als Ersatzbefriedigung dienen. Einfachzucker kann in seiner suchterzeugenden Wirkung durchaus mit Alkohol, Tabak oder Kaffee verglichen werden. Der Wunsch nach Süßem ist aber auch sehr natürlich und nimmt neben dem Verlagen nach Saurem, Bitterem, Scharfem und Salzigem eine zentrale Stellung ein. Schon als Säugling werden wir durch den hohen Zuckergehalt der Muttermilch damit verwöhnt. Gründe für übermäßiges Verlangen nach Süßem können in einem Mangel an Vollkorngetreide, Hülsenfrüchten und Gemüse oder an einer falschen Zubereitung liegen. Stark gewürzte oder sehr salzige Speisen können in uns auch den Wunsch nach Ausgleich dieser Extreme durch Süßes wecken. Eine trockene Lunge oder ein schwaches Qi der Lunge können sich auch zu einem Verlangen nach süßem Geschmack bemerkbar machen.

Natürliche Zuckerquellen wie Zuckerrohrsaft, Honig, Ahornsirup, Fruchtdicksäfte oder Getreidemalze enthalten Vitamine, Mineralien und Enzyme. Sie besitzen aufgrund ihrer hohen Konzentration jedoch eine ähnliche Wirkung wie raffinierter weißer Zucker.

Getreidemalze, aus dem vollen Getreidekorn hergestellt, sind ausgewogener und zur Herstellung von Süßspeisen und zum Ausbalancieren von Nahrung mit Yang-Energie geeignet.

AMASAKE

ERDE: 1 Tasse Süßreis
METALL: 1 Tasse Rundkornreis
WASSER: 3 - 4 Tassen Wasser

Den Reis 50 Minuten im Drucktopf kochen, dann in ein Glas oder eine Porzellanschüssel füllen und auf Handwärme abkühlen lassen. Jetzt werden eine bis zwei Tassen Koji (Reis, der mit einer Bakterienkultur angereichert wurde, die eine Fermentation ermöglicht) unter den Reis gemischt und das Gefäß über Nacht beziehungsweise acht Stunden an einen sehr warmen Platz gestellt. Die beste Temperatur für die Fermentation liegt bei etwa 60 °C. Optimal sind Wärmekisten mit Thermostat, die eine gleichmäßige Hitzeeinwirkung garantieren. Aber auch ein Wasserbad im Backofen ist möglich. Ist das Amasake süß, wird die Fermentation durch kurzes Aufkochen gestoppt. Jetzt kann man weitere Flüssigkeit dazugegeben. Mit Mandelmus, Zimt, Vanille oder anderen Gewürzen läßt sich der Geschmack variieren.

Übrigens: Amasake ist die Vorstufe von Sake, dem japanischen Reiswein. Wir können es auch zum Süßen von Kuchen oder als Dessert verwenden. Heiß zubereitet und mit Ingwersaft verdünnt, schmeckt es im Winter sehr gut und wirkt erwärmend.

Kuhmilch hat einen süßen Geschmack und eine neutrale thermische Wirkung. Sie stärkt Qi, Blut und den gesamten Organismus. Milch befeuchtet und ernährt das Blut und die Yin-Substanz. Alle fünf inneren Organe werden durch Milch ernährt. Zuviel Milch kann allerdings zu Gesichtswarzen und bei Frauen zu Eierstockzysten führen.

KMEA - KUHMILCHEIWEISS-ALLERGIE

Wenn Viren, Bakterien oder Gifte in unseren Körper gelangen, bilden wir Antigene, die wiederum verschiedene Abwehrstoffe produzieren. Wenn wir daran erkranken, sprechen wir von Allergien. Allergische Reaktionen, die durch das Betalactaglobulin der Kuhmilch verursacht werden, können bei zwei Drittel der Menschen nachgewiesen werden. Von der Geburt bis zu zweieinhalb Jahren ist diese Reaktion am schlimmsten. Viele Allergologen raten daher von Kuhmilch für Säuglinge ab, die konstitutionell zu Allergien neigen. Kuhmilch enthält im Vergleich zur Muttermilch die siebenfache Kaseinmenge. Die menschliche Muttermilch enthält weniger Calcium und das eineinhalbfache an Milchzucker im Vergleich zur Kuhmilch.

Milch entwickelt linksdrehende Milchsäuren, während unser Verdauungssystem rechtsdrehende enthält. (Beim Kauf von Joghurt können wir darauf achten - beide Sorten werden angeboten.) Vergorene Milchprodukte mit rechtsdrehenden Bakterien sind deshalb vorzuziehen. Aber auch zuviel Joghurt oder Dickmilch können zu Schleimbildung führen und den Organismus zu stark abkühlen. Milcheiweiß, kombiniert mit Salat und Pilzen, entlastet die Nieren.

Bei Kuhmilchunverträglichkeit empfiehlt sich Getreidemilch aus Vollgetreiden, beispielsweise Hirsemilch.

Wem es um das Calcium in der Milch geht, der kann sich gut mit Alternativen bedienen. 100 g der folgenden Lebensmittel enthalten jeweils:

Sojabohne	226	mg Calcium
Tofu	128	mg Calcium
Kuhmilch	118	mg Calcium
Joghurt	120	mg Calcium
Arame	1170	mg Calcium
Hiziki	1400	mg Calcium
Wakame	1300	mg Calcium

Beim Verzehr von Seegemüse zur Deckung des Calciumbedarfs ist die abkühlende Wirkung zu berücksichtigen.

ÖLE UND FETTE

Alle Öle und Fette entsprechen dem Erdelement, da sie Produkte aus Kernen und Nüssen sind. Es ist sinnvoll, immer die allerbeste Qualität kaltgepreßter Öle zu verwenden. Wenn häufig mit viel Öl gebraten, fritiert und gekocht wird, kann das den Körper zu sehr erhitzen. Wer Öl verwenden, aber nicht damit braten möchte, kann zuerst etwas Wasser zum Kochen bringen, dann das gewünschte Öl und im Anschluß die anderen Zutaten hineingeben. Zum Braten und Fritieren eignet sich besonders Sesamöl. Durch den hohen Anteil an gesättigten Fettsäuren kann es bis zu 170 °C erhitzt werden. Die besten Pommes Frites lassen sich mit qualitativ gutem, reinem Kokosfett herstellen. Die einzelnen Öle wirken in unterschiedlicher Weise auf unseren Organismus:

ÖLSORTE	THERM. QUALITÄT	WIRKUNG AUF DEN ORGANISMUS
Olivenöl	*ERFRISCHEND*	baut das Qi auf und eignet sich für Salate.
Kürbiskernöl	*WARM*	hilft bei Trockenheitsverstopfung und Parasitenbefall.
Weizenkeimöl	*ERFRISCHEND*	wirkt sehr kräftigend bei Erschöpfung und Altersschwäche. Es tonisiert die Essenz des Körpers.
Sojaöl	*WARM*	ernährungstherapeutisch: bei hohem Blutdruck und Arteriosklerose.
Walnußöl	*WARM*	baut das Yang der Nieren auf und kann bei Rückenschmerzen, kalten Füßen und kaltem Po verwendet werden. Es fördert den Haarwuchs und gibt eine schöne Haut. Die erwärmende Qualität gleicht Rohkost aus; besonders im Winter für Salatzubereitungen/Rohkost geeignet.
Sesamöl	*ERFRISCHEND*	fördert die Knochenbildung, stärkt Fingernägel und Sehnen. Es unterstützt die Verdauung und hilft gegen Wurmbefall.
Sonnenblumenöl	*ERFRISCHEND*	wirkt auf die Milz, baut die inneren Säfte und die Substanz der Nieren auf. Wirkt Blutdrucksenkend.
Butter	*NEUTRAL*	gibt Qi und regeneriert die Essenz der Nieren. Sie sollte jedoch nur kalt verwendet werden, da sie erhitzt zu Gallenproblemen führen kann.

Als Nachspeise oder Zwischenmahlzeit sind sie sehr beliebt. Heimische Sorten der Saison, möglichst sonnengereift, haben die ausgleichendste Wirkung. Tropische Früchte wirken in der Regel kühlend, Bananen beispielsweise haben eine kalte thermische Qualität, und werden bei Hitzeproblemen eingesetzt. Sie eignen sich nicht für Kinderobstbreie, vor allen Dingen nicht im Winter.

Im Winter ist es sinnvoll, kleinere Mengen Trockenfrüchte oder Lagerobst sowie gekochtes Obst zu essen. Wann immer wir Obst zu uns nehmen, müssen wir im Gesamtspeiseplan deren hohen Gehalt an Fruchtzucker und Fruchtsäuren berücksichtigen. Bei vegetarischer Ernährung ist es ratsam, Menge und Art der Früchte so optimal wie möglich anzupassen, während bei einer fleischbetonten Ernährung Früchte als ausgleichender Yin-Faktor immer sinnvoll sind.

Wenn es um Vitamin-C-Spender geht: Gemüsesorten wie Brokkoli und frische Alfalfasprossen liefern sie uns wesentlich reichhaltiger und bekömmlicher als die dafür »bekannten« Zitrusfrüchte. Ein Glas Alfalfasprossen enthält ebensoviel Vitamin C wie 12 Gläser Orangensaft. Um die Fruchtsäure von Säften und in Desserts zu binden, kann Kuzu (Mehl der wilden Pfeilwurzel) zum Andicken verwendet werden.

DER SCHARFE GESCHMACK

Energie:	Yang
Bewegungsrichtung:	nach oben
Energierichtung:	nach außen

Scharf besitzt Feuereigenschaften und fördert die Durchblutung, denn es regt Herz und Kreislauf an.

In der Ernährungstherapie und Kräuterheilkunde wird der scharfe Geschmack eingesetzt, um Stagnationen aufzulösen, da er bewegend und zerstreuend wirkt.

Scharf stärkt unser Immunsystem. Fast alle scharfen Kräuter sind in ihrer Wirkung erhitzend oder erwärmend. Durch ihre Verwendung wird der Körper erwärmt, können klimatische Umstände ausgeglichen werden. In feuchten, kalten Gebieten schützen sie vor Nässe und Kälte. Rheuma und Erkältungskrankheiten können mit scharfen, erwärmenden und erhitzenden Kräutern und Gewürzen erfolgreich behandelt werden. Mit Yogitee, der Zimt, Kardamom, Ingwer, Nelken und Pfeffer enthält, können wir Erkältungskrankheiten gut vorbeugen. Scharf-warme und heiße Kräuter zerstreuen Kälte und öffnen die Poren der Haut. Eingedrungene Kälte wird beim Schwitzen wieder hinausbefördert.

Bei einem Kälteschock hilft ein Ingwertee. Kniebeschwerden, die durch Kälte ausgelöst wurden, können durch Umschläge mit Ingweröl gelindert werden. Dazu wird kaltgepreßtes Sesamöl im Wasserbad erhitzt und mit einigen Tropfen frischem Ingwersaft vermischt.

Mit scharf-heißen Gewürzen kann zum Aufbau des Nieren-Yang gekocht werden. (Da ihre Wirkung beinahe explosionsartig einsetzt und zum Kopf steigt, sind sie für Menschen mit einer Neigung zu Epilepsie, hohem Blutdruck, Hirnschlag oder Schilddrüsenüberfunktion nicht geeignet.) Im Übermaß genossen, können scharfe Speisen jedoch zu Leber- und Gallenproblemem führen. Da Augen und Muskeln dem Holzelement zugeordnet sind, lassen sich so Sehstörungen und Muskelkrämpfe, ausgelöst durch zuviel Scharfes, erklären.

Wer auf Knoblauch als Allheilmittel schwört oder ihn regelmäßig ißt, sollte seine thermisch warme Eigenschaft berücksichtigen. Knoblauch wird in der Ernährungstherapie gegen Parasiten und Bakterien eingesetzt. Es bringt stagniertes Qi in Bewegung und wird bei kältebedingten Bauchschmerzen und Blähungen eingesetzt.

Bei einem Mangel an Yin, Bluthochdruck und Augenproblemen ist Vorsicht mit Knoblauch, rohen Zwiebeln, rohem Fenchel und den scharf-heißen Gewürzen sowie Alkohol geboten.

In heißen Ländern wird der scharfe Geschmack auch wegen seiner antibakteriellen Wirkung eingesetzt.

Pfefferminze, weißer Rettich und Radieschen sind Beispiele für Nahrungsmittel mit scharf-erfrischenden Eigenschaften. Sie sind zum Schutz gegen äußere Windhitze (Wüste) oder bei Hitzestagnationen im Körper geeignet. Bei Bronchitis mit festem, gelbem Schleim ist scharf-kühlend der ausgleichende Geschmack. Tigerbalsam hat eine scharf-kalte Natur und kann zum Befeuchten der Lunge über Einreibungen eingesetzt werden. Dem Metallelement sind hochprozentige Alkoholsorten zugeordnet.

In Verbindung mit Yang-Nahrungsmitteln wird Alkohol beim Kochen zum Aufbau von Qi und bei klimatisch ausgelösten Beschwerden verwendet. Bei Säfte- und Blutmangel und zum Yin-Aufbau kann Alkohol mit Yin-Nahrungsmitteln kombiniert werden.

UNSERE SYMBIOSE MIT DER PFLANZENWELT

Wir beziehen all unsere Nahrung aus der Pflanzenwelt. Auch wenn wir tierische Produkte oder Fleisch essen, liegt deren Nahrungsquelle ursprünglich in der Pflanzenwelt. Da die Vorgänge im menschlichen und vielen tierischen Organismen entgegengesetzt denen der Pflanzen wirken, ergänzen sich hier Energien verschiedenartiger Qualität. Nach dem Polaritätsprinzip entsteht dadurch

GETREIDE	GEMÜSE	MILCHPRODUKTE
○ Hafer	✹ Zwiebel, rot	○ Harzer Käse
♦ Reis	○ Frühlingszwiebel	Käse, stark fermentiert
	Lauch	Münsterkäse
	Meerrettich	Schimmelkäse
	Paksoi, Senfblätter	
	Schalotte	
	Zwiebel	
	♦ Brunnenkresse	
	Kohlrabi	
	Radieschen	
	Rettich, weißer	
	Steckrübe	
	✳ Kresse	

METALL - DER SCHARFE GESCHMACK
UND SEINE THERMISCHEN EIGENSCHAFTEN

FLEISCH

○ Fasan
Hirsch
Rebhuhn
Reh
Wachtel
Wildschwein

☯ Gans
Pute
Taube
Truthahn

◆ Hase

GEWÜRZE

✸ „Fünf Gewürze"
Cayennepfeffer
Chili
Curry
Fenchelsamen
Ingwer, getr.
Muskatnuß
Nelke
Peffer, rot/schwarz
Piment
Sternanis
Tabasco
Zimtrinde

○ Basilikum
Dill
Dillsamen
Gelbwurz
Gewürzpaprika
Ingwer, frisch
Kapern
Kardamom
Knoblauch
Koriander
Kreuzkümmel
Kümmel
Liebstöckel
Lorbeerblätter
Majoran
Mandarinen-
schale, getr.
Orangenschale
(getrocknet)
Petersilie
Schnittlauch
Senf
Tumeric

GETRÄNKE

✸ Alkohol, hoch-
prozentiger
Cognac
Glühwein
Korn
Schnaps
Whisky
Wodka

○ Sake

◆ Champagner
Weißwein,
trocken

KRÄUTERTEES

✸ Yogitee

○ Ingwer

◆ Zimtzweige
Pfefferminz

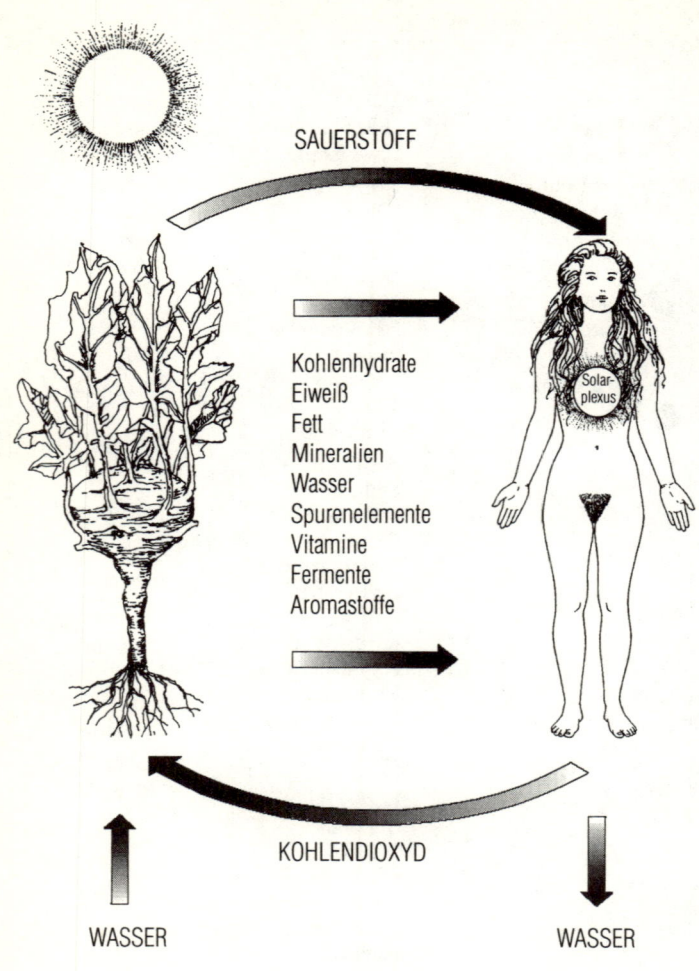

SAUERSTOFF

Kohlenhydrate
Eiweiß
Fett
Mineralien
Wasser
Spurenelemente
Vitamine
Fermente
Aromastoffe

Solar-
plexus

KOHLENDIOXYD

WASSER

WASSER

Unsere Symbiose mit der Pflanzenwelt

eine größtmögliche Spannung, aus der unser Organismus Energie erzeugen kann. Bei zu hohem Verzehr von tierischer Nahrung kann es zu energetischer Disharmonie kommen. Das trifft besonders auf Fleisch von Säugetieren zu, die sich auf einer Entwicklungsstufe befinden, die bezüglich der Evolution nicht weit vom menschlichen Organismus entfernt ist. Zwischen Pflanze und Mensch besteht eine natürliche biologische Anziehung, während Mensch und Tier sich energetisch abstoßen. Um das Polaritätsprinzip zu verdeutlichen, helfen uns einige Beispiele energetisch unterschiedlicher Merkmale:

YIN	YANG
Pflanze	Mensch und Tier
passiv/Energieaufnahme	aktiv/Energieabgabe
ist an Standort gebunden	kann sich fortbewegen
Blattgrün/Chlorophyll	Blutrot/Hämoglobin
Energietransformation durch	Verdauung durch inneren
äußere Lichteinwirkung der	Verbrennungsprozeß im
Sonne	Bereich des Solarplexus
wächst bei Licht	wächst bei Dunkelheit

Pflanzen nehmen Kohlendioxyd aus der Atmosphäre auf und geben Sauerstoff ab. Diesen Vorgang nennen wir Photosynthese. Mit Hilfe des Sonnenlichtes wird Zucker und Stärke produziert, indem das magnesiumhaltige Blattgrün Kohlendioxyd absorbiert. Von uns aufgenommene Kohlenhydrate verwandeln wir mit Hilfe von Sauerstoff im Verdauungssystem zu Energie. Wir scheiden Abfallprodukte wie Kohlendioxyd bei der Ausatmung und Schlacken durch Urin, Schweiß und Stuhlgang aus. Durch diese Vorgänge stehen wir Menschen und viele Tierarten in ständigem antagonistischem Wechselspiel mit den Pflanzen. Sie leisten quasi die Vorarbeit und sind unsere Verbindung zu den Urelementen. Unser Körper ist nicht in der Lage, sich direkt aus den Elementen Erde, Feuer, Luft und Wasser zu ernähren.

Aus antroposophischer Sicht werden unsere Lebensprozesse durch die verschiedenen Systeme bestimmter Pflanzenteile beeinflußt.

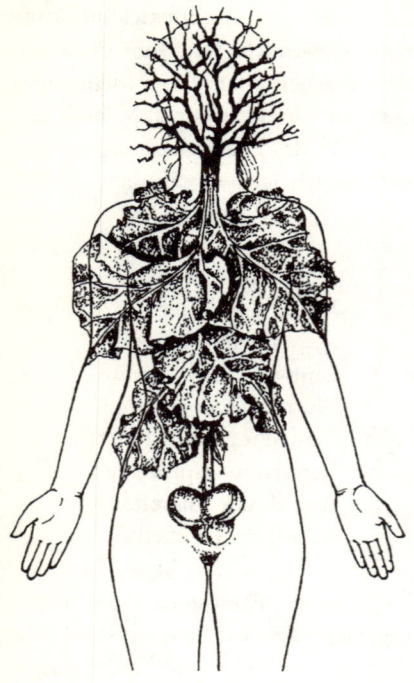

Wurzeln haben Einflüsse auf unsere Nerven und Sinne, das Denken.

Blätter und Stengel wirken auf Herz, Lunge und unser Fühlen.

Blüten, Früchte und Samen regen Fortpflanzung, Stoffwechsel und unser Wollen an.

Schöpfungsgeschichte des alten Testamentes:
Der Mensch - ein Bild Gottes.
1. Kapitel, 1. Buch Mose, Verse 29 und 30:
»Und Gott sprach: Sehet da, ich habe euch gegeben allerlei Kraut, daß es sich besamt auf der ganzen Erde, und allerlei fruchtbare Bäume, die sich besamen zu eurer Freude.
Und allem Getier auf Erden und allen Vögeln unter dem Himmel und allem Gewürm, das da lebt auf Erden, daß sie allerlei grünes Kraut essen. Und es geschah so.«

Landgemüse, organisch angebaut, geschmacksintensiv, von kräftiger Farbe, bleibt lange frisch. Es kann eingelegt, fermentiert und
gelagert werden, ohne zu faulen, und es entwickelt beim Kochen
einen angenehmen Duft. Bei der Auswahl kannst Du auf folgende
Merkmale achten:

Bei Pflanzen, die eine harmonische Wachstumsenergie entwik-
keln, befindet sich das härtere Zentrum in der Mitte, und die einzelnen Teile sind sehr ausgewogen in ihrer Anordnung. Benutze
vorwiegend das Gemüse der jeweiligen Saison und achte darauf,
daß es aus der naheliegenden Umgebung stammt. Gemüse enthält
genau die Zusammensetzung von Substanzen und Wirkkräften, die
eine optimale Versorgung genau an diesem bestimmten Ort garantieren. Ihre Energie überträgt sich auf uns. Älteren und resistenten
sonnengereiften Sorten sollten wir den Vorzug geben, Wildgemüse
enthält besonders kräftige und widerstandsfähige Energien. Gönne
Dir die beste Qualität, sie wird das Kochergebnis optimieren. Einheimische Gemüsearten sollten den größten Anteil in der täglichen
Ernährung ausmachen, während exotische Sorten und Nachtschattengewächse eine interessante und besondere Ausnahme sein können. Sie eignen sich zum Ausbalancieren von Fisch- oder Fleischspeisen oder zu medizinischen Zwecken.

In den Wurzeln, der Haut/Schale und den Übergangsstellen von
festeren zu weicheren Pflanzenteilen befinden sich Konzentratio-
nen von Lebensenergie. Es ist daher sehr wichtig, diese Teile mitzu-
verwenden. Sie können gut geputzt und fein gehackt in Gemüsesuppen mitbenutzt werden, falls der Gebrauch ungewohnt oder
unästhetisch erscheint.

ZUBEREITUNG VON GEMÜSE

Besser mit einer Naturfaserbürste abschrubben, anstatt schälen,
zügig unter kaltem Wasser waschen, dann erst schneiden. So bleiben Aromastoffe und Vitamine erhalten. Gemüse nicht wässern.
Feuchte Dein Schneidebrett vor dem Gemüseschneiden mit Was-

ser an, damit es die Feuchtigkeit, den Saft im Gemüse nicht hinauszieht. Schneide dann jede Gemüsesorte einzeln mit frisch abgewischtem Holzbrett und Messer, damit die einzelnen Geschmackscharaktere bewahrt bleiben.

Das Garen von Gemüse im eigenen Saft ist eine schonende Art der Zubereitung: die Nährstoffe bleiben weitgehend erhalten. Das Gemüse kann mit wenig Wasser oder Fett aufgesetzt werden. Oft reicht das vom Waschvorgang anhaftende Wasser zum Garen aus. Durch Erwärmung steigt es nach oben, schlägt sich am Deckel nieder und tropft wieder herunter. Wähle kurze Garzeiten und niedrige Temperaturen. Dünste eher, anstatt zu kochen. Verwende das Garwasser für Suppen oder Soßen. Serviere Gemüse möglichst bald nach dem Garen, da längeres Warmhalten die Qualität senkt. Zur Gemüsezubereitung sind Töpfe mit schwerem Boden und einer guten Wärmeleitung empfehlenswert. Ein festsitzender Deckel ohne Belüftungsschlitze ist wichtig, damit das aufsteigende Wasser nicht entweichen kann. Es gibt besondere Diätkochtöpfe zum wasserarmen Garen, jedoch erfüllen auch andere Töpfe aus Steingut, Porzellan, Emaille, Edelstahl, Kupfer oder Glas mit den erwähnten Eigenschaften ihren Zweck.

Vermeide den Gebrauch von Töpfen aus Zinn, Eisen und Aluminium sowie Teflonbeschichtungen. Das Zubereiten von Gemüse im Drucktopf ist ebenfalls nicht geeignet, da die Temperatur über 100 °C ansteigt und ein Überdruck entsteht. Dabei wird die Zellstruktur von Gemüse stark in Mitleidenschaft gezogen. Auch verkürzte Garzeiten verhindern diese Wirkung nicht.

Der Garprozeß bei der Gemüsezubereitung kann durch das Hinzufügen von Wärme als Weiterführen des Reifevorgangs in der Natur durch Sonnenlicht verstanden werden. Das Ergebnis ist optimal, wenn sich Geschmack und Farbintensität verbessert haben und die Form erhalten geblieben ist. Es ist sinnvoll, für jedes Gemüse die geeignete Garmethode und Garzeit herauszufinden.

Zoo
SALZBURG

Willkommen

www.salzburg-zoo.at

Erwachsen   Eur 10.10

3 / 02203 - 22.03.14   09:45

TEAMAXESS.COM L10823 33207

Dem Element Metall ist der scharfe Geschmack zugeordnet. Die meisten Gemüse und Kräuter mit scharfem Geschmack besitzen eine erwärmende Wirkung.

Frühlingszwiebeln, die eine wärmende Wirkung auf Lunge und Magen haben, werden in der Ernährungstherapie folgendermaßen eingesetzt: Sie stärken das Qi des Magens, zerstreuen Windkälte und bringen das Wei Qi (die Abwehrkraft) zur obersten Hautschicht. In kühlen Jahreszeiten sollten sie in keiner Suppe fehlen. Sie werden dann hauchfein geschnitten und roh auf die fertige Suppe gelegt.

Lauch ist auch ein typisches Wintergemüse mit warmer Energie. Es tonisiert das Yang der Nieren und wird bei kältebedingten Rücken- und Lendenschmerzen ernährungstherapeutisch eingesetzt. Bei Leber- und Gallenproblemen sowie Entzündungen ist Lauch nicht geeignet. Für eine sehr erwärmende Winterspeise kann der weiße Teil der Lauchstange gedünstet werden.

LAUCHGEMÜSE

ERDE:	Sesamöl
ERDE:	Walnüsse, geröstet und kleingehackt
METALL:	Lauchweiß, in Streifen geschnitten
METALL:	Pfeffer
ERDE:	Butter
	Das Sesamöl wird vorsichtig in einer schweren Pfanne erhitzt und die gerösteten Walnüsse, dann die Lauchstreifen hineingegeben und mit Pfeffer abgeschmeckt. Alles zusammen wird im geschlossenen Topf gargedünstet. Nach dem Servieren kann etwas Butter dazugegeben werden.

Für Vegetarier sind scharf-warme und scharf-heiße Nahrungsmittel und Gewürze sehr wichtig. Auch in ayurvedischen Kochbüchern werden die vegetarischen Speisen durch erwärmende Gewürze ausgeglichen. Vegetarier, die diesen Zusammenhang nicht kennen, leiden häufig unter niedrigem Blutdruck, kalten Füßen und Händen und natürlich unter Energiemangel. Vegetarische Diäten, Sonnenkost, Rohkost und Obstkuren (Zitronensaftkur) haben ihren Ursprung häufig in wärmeren Klimazonen. Für unsere Breitengrade kann vegetarisches Essen durch den Zusatz von erwärmenden Gewürzen angepaßt werden. Dafür eignen sich Ingwer, Nelken, Muskat, Sternanis, Thymian und Rosmarin.

Auch das Kochen mit Alkohol macht Speisen wärmer, bringt die Energie nach oben, löst Stagnationen auf und fördert die Durchblutung. Bei Neigung zu Epilepsie und Bluthochdruck, bei ehemaligen Alkoholikern sowie bei Erschöpfungszuständen ist Kochen mit Alkohol nicht geeignet beziehungsweise nicht erlaubt.

»Wie wohl ist mir's, daß mein Herz die simple harmlose Wonne des Menschen fühlen kann, der ein Krauthaupt auf seinen Tisch bringt, das er selbst gezogen, und nun nicht den Kohl allein, sondern all die guten Tage, den schönen Morgen, da er ihn pflanzte, die lieblichen Abende, da er ihn begoß und da er an dem fortschreitenden Wachstum seine Freude hatte, alle in einem Augenblicke wieder mitgenießt.«

- Johann Wolfgang von Goethe aus: Die Leiden des jungen Werther, Brief v. 21. Junius 5 32 Z.9.

DER SALZIGE GESCHMACK

Energie: Yin und Yang
Bewegungsrichtung: nach unten und oben
Energierichtung: nach innen und außen

Reines Salz und Salz in Verbindung mit Eiweiß hat Feuereigenschaften und regt das Feuer des Magens und der Nieren an. Salz in Verbindung mit Wasser besitzt Wassereigenschaften und regt die Milz und die Feuchtigkeitsproduktion im Körper an.

Da sich salzig vor allem auf die Organe des Erdelementes auswirkt, benötigen wir diesen Geschmack, um unsere Mitte aufrecht zu erhalten. Der salzige Geschmack hat eine ableitende und abführende Wirkung - wir kennen das vom Glaubersalz. Er wirkt zudem aufweichend und wird in der Ernährungstherapie eingesetzt, um Energiestagnationen, die sich in Form von Zysten, Geschwüren und Tumoren manifestiert haben, aufzulösen und nach unten abzuleiten. Auch bei durch Hitze bedingter Verstopfung ist der salzige Geschmack wichtig.

Salz alkalisiert Blut, Körper- und Gewebeflüssigkeiten. Es löst Schleim und bringt Feuchtigkeitsstagnationen wieder in Fluß. Aus diesem Grund wird die makrobiotische Diät mit salzigem Shoyu, Tamari, Miso und Algen in Verbindung mit 50 % bis 60 % Getreide zur Krebstherapie und -prophylaxe eingesetzt. Durch diese Diät wird die Mitte gefestigt, und Schleim beseitigt.

Nahrungsmittel mit salzig-kalten Eigenschaften sind Algen, Miso, Tamari, Shoyu, Salz, Mineralien und Austernschalen. Sie füllen das Yin der Nieren auf, senken das Yang der Leber, lösen Geschwüre auf und beheben Lymphstagnationen, speziell im oberen Körperteil. Salziges befeuchtet durch das Binden von Flüssigkeit. Speziell im Darmtrakt befeuchtet es das Körperinnere, wobei es, im Übermaß genossen, außen trocknet. Allgemein kann gesagt werden, daß zu viel Salz das Yin erschöpft und zu einem scheinbaren Yang-Zustand führt.

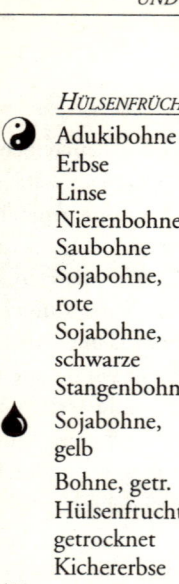

HÜLSENFRÜCHTE

Adukibohne
Erbse
Linse
Nierenbohne
Saubohne
Sojabohne,
rote
Sojabohne,
schwarze
Stangenbohne
Sojabohne,
gelb
Bohne, getr.
Hülsenfrucht,
getrocknet
Kichererbse
Mungbohne

MEERESGEMÜSE

Agar-Agar
Alge
Dulse
Hiziki
Kelp
Kombu
Nori
Wakame

SONSTIGES

Räuchertofu
Tempeh

FISCH	*FLEISCH*	*GETRÄNKE*
☼ Aal	☯ Schweinefleisch	✳ Mineralwasser
Anchovis	Schweinenieren	Quellwasser
Barsch	✳ Knochenmark	ohne Kohlen-
Forelle	vom Schwein	säure
Garnele		
Hummer	*GEWÜRZE*	
Kabeljau	✳ Miso	
Lachs	✳ ✺ Salz/	
Languste	Meersalz	
Miesmuschel	(abhängig von	
Räucherfisch	der Kombinati-	
Sardelle	on mit anderen	
Scholle	Nahrungsmit-	
Schrimps	teln)	
Thunfisch	Sojasauce,	
☯ Haifisch	Shoyu und Ta-	
Hering	mari	
Karpfen		
Makrele		
Sardine		
Stör		
✳ Austern		
Kaviar		
Krabbe		
Krebs		
Muschel, zwei-		
schalige		
Tintenfisch		

Bei Hautkrankheiten, besonders bei Neurodermitis, ist Vorsicht mit verschiedenen Fischarten und Meeresfrüchten mit salzig-warmen Eigenschaften (siehe Nahrungsmittelliste S.112/113) angezeigt.

In der modernen Zivilisationskost, besonders in Fertigprodukten, Brot, Käse und Wurst, ist viel Kochsalz (deklariert als Natriumchlorid) enthalten. Auch die meisten Mineralwasser sind sehr salzig. Versteckte Salze sind deshalb ein Problem, weil wir sie unbewußt konsumieren. Im Körper, der ja immer einen harmonischen Zustand anstrebt, stellt sich nach zu hohem Salzkonsum, der Anspannung und Aggressivität (durch eine Fülle der Gallenblase) verursachen kann, automatisch das Verlangen nach Entspannung ein. Die Lust auf Süßes oder ein alkoholisches Getränk überfällt manchen geradezu, und der Griff zur Praline oder zum Sherry wird zur automatischen Handlung. Hier setzt der Kontrollzyklus der Fünf Elemente ein. Erde (süß) kontrolliert Wasser (salzig). Der süße Geschmack ersetzt das Yin und die Feuchtigkeit, die durch Salz entzogen wurde.

Alkohol kann eine übermäßige Entspannung herbeiführen. Wer viel Alkohol trinkt, ißt in der Regel auch sehr gerne salzig. Wurst, Käse, Schinken, Brezeln sind die typischen Begleiter des Alkohols. Und nach einer durchzechten Nacht verlangt der Körper schier nach einem Rollmops-Katerfrühstück. Um das übermäßige Verlangen nach Süßigkeiten und Alkohol langfristig unter Kontrolle zu bekommen, ist der Verzicht auf Salz unerläßliche Voraussetzung.

Ich empfehle oft und gerne, neun Tage lang salzlos zu essen, um wieder ein Gespür dafür zu bekommen, wie salzig unser Essen ist, und mit wieviel weniger wir auskommen können. Dabei erwachen oft spontan wieder die Geschmackssinne auch für alle anderen Geschmacksrichtungen.

Zu großer Salzkonsum erhöht die Gefahr, daß es zu Bluthochdruck kommt, auch die Galle kann überaktiv werden.

Bei Kindern, die noch mit einer sehr natürlichen Empfindlichkeit auf Salz reagieren, habe ich oft festgestellt, daß sie nach dem

Essen von Würstchen, Schinken- oder Käsebrot häufig nicht einschlafen können, weil sich ihr Körper nicht entspannen kann.

Salz ist kostbar und ausgleichend in seiner energetischen Wirkung. Der Umgang mit Salz in der Küche ist deshalb von großer Bedeutung. Aber die Qualität ist wichtig: Meersalz hat einen großen Anteil an natürlichen Mineralien und Spurenelementen. Graues Meersalz besitzt mehr davon als weißes, außerdem ist letzteres mit Schwefelsäure behandelt. Ein mildes Salz ist einem stark salzig schmeckenden vorzuziehen. Versuche, Salz im Sinne des fördernden Zyklus der Elemente einzusetzen. Da in dem, was wir außer Haus essen, schon genug bis zuviel Salz enthalten ist, empfehle ich, Meersalz, Shoyu und Miso - die im Fütterungszyklus das Element Wasser vertreten - nur in kleinen Mengen zu verwenden. Eine Speise ist optimal und ausgewogen, wenn sie abgerundet schmeckt. Dieser Geschmack ist schwer zu erklären - wir müssen ihn einfach erschmecken. Heute schmecken die meisten Speisen - besonders wenn wir Fertiggerichte oder außer Haus essen - einfach nur salzig. Nach einigen Tagen Salz-Abstinenz fällt es wesentlich leichter, Salz wieder sinnvoll einzusetzen und es trotzdem noch wahrzunehmen. Eine Alternative zum Tischsalz ist Gomasio, eine nußartig schmeckende Mischung aus Meersalz und geröstetem Sesam.

GOMASIO

Gomasio ist ein Substanz-Tonikum, weil Sesam das Yin von Leber und Nieren ernährt. Das Verhältnis von Meersalz und Sesamsaat können wir variieren. Wenn Kinder da sind, sollten wir den Salzanteil verringern.

Einen Wochenvorrat für fünf bis sechs Personen stellen wir mit 1 Teelöffel Meersalz und 1 Tasse Sesam her. Das entspricht etwa dem Verhältnis 1 : 20 bis 1 : 30. Den gewaschenen Sesam abtropfen lassen. In der Zwischenzeit das Meersalz unter ständigem Rühren mit einem Holzlöffel in der Pfanne erhitzen. Nach wenigen

Minuten ist seine Feuchtigkeit verdampft, und nun kann das Salz in einem Suribachi (Tongefäß mit Rillen) mit dem Holzmörser fein zerrieben werden. Dann wird der Sesam unter ständigem Rühren und Schütteln in der Pfanne solange geröstet, bis er leicht braun wird, angenehm duftet und - manchmal tut er das - in der Pfanne hüpft und knallt. Wenn er fertig ist, läßt er sich leicht zwischen den Fingern zerdrücken. Dann muß er gleich raus aus der Pfanne: denn zu stark gerösteter Sesam schmeckt bitter und liegt zudem schwer im Magen. Jetzt wird der so geröstete Sesam zum Meersalz gegeben und mit einer leichten, kontinuierlichen Kreisbewegung gemahlen: dabei nicht stampfen oder stoßen, denn das Öl soll nicht aus der Saat gepreßt werden, sondern darin bleiben. Luftdicht aufbewahrt und immer frisch hergestellt, schmeckt Gomasio so am besten.

Gemüse aus dem Meer

Algen, dieses ursprüngliche Gemüse, wachsen im Meer. Auswahl und Erntezeit sowie natürliches Trocknen in Sonne und Wind sind für die Qualität von großer Bedeutung. Getrocknete Algen können lange gelagert und gut transportiert werden. Außergewöhnlich reich an Mineralien und Spurenelementen sind sie eine hervorragende Ergänzung für vegetarische Gerichte. Sie schützen uns vor den Mineralienräubern »Industriezucker« und »Auszugsmehl«. Darüber hinaus haben sie die Fähigkeit, Giftstoffe zu binden - und über den Darm auszuscheiden. Algen sind meist von Umweltgiften sehr unbelastet, weil sie nur in sauberen Gewässern gedeihen. Algen besitzen kalte thermische Eigenschaften. 1 Teelöffel pro Mahlzeit kann verwendet werden, um das Yin der Niere bei einem Leerezustand aufzufüllen.

Algen werden auch zur Krebsprophylaxe und bei Krebsdiäten eingesetzt, um Lymphstagnationen entgegenzuwirken. Bei allen Halsbeschwerden, die durch Entzündungen hervorgerufen werden und bei jeglicher Art von Stagnationen können Algen gegessen werden.

Meeresgemüse reinigt man mit einer Bürste oder wäscht es unter fließendem Wasser, manchmal hängt noch Meeressand in den Blättern. Je nach Sorte ist eine Einweichzeit von fünf bis zwanzig Minuten empfehlenswert. Die Algen können als Einzelgemüse gekocht, in Suppen oder in Verbindung mit anderem Gemüse zubereitet werden.

HÜLSENFRÜCHTE UND BOHNEN

In Verbindung mit Vollkorngetreide versorgen sie uns mit allen essentiellen Aminosäuren. Hülsenfrüchte und Bohnen sind meist größer in ihrer Form als Getreide. Durch ihre Yin-Qualität und den höheren Protein- und Ölanteil ergänzen sie Vollgetreide, das Yang-Charakter besitzt. Es ist sinnvoll, unseren Eiweißbedarf aus verschiedenen Quellen zu decken und dabei die persönliche Verträglichkeit und auch die physische Tätigkeit zu berücksichtigen. Wenn 10 % bis 15 % unserer täglichen Nahrung aus Hülsenfrüchten besteht, ist damit unser Proteinbedarf gedeckt.

Da Hülsenfrüchte schwer verdauliche Stärkesorten wie Raffinose und Stachyose enthalten, ist eine sorgfältige Zubereitung und besonders gutes Kauen wichtig. Roh enthalten sie, wie auch Bohnensprossen, Phasin, einen toxisch wirkenden Stoff. Hülsenfrüchte und Bohnen sollten mehrere Stunden oder über Nacht eingeweicht werden. Dabei werden die Blähstoffe teilweise mit dem Einweichwasser weggeschüttet.

Die Zubereitung mit Kombualge, Bohnenkraut, Ingwer oder Chilliöl verkürzt die Kochzeit und fördert die Verdaulichkeit. (Zu Beginn des Kochvorganges können wir außerdem zwei- bis dreimal mit kaltem Wasser abschrecken.) Bohnen sollen langsam garen - meist mehrere Stunden: abhängig von der Bohnensorte. Dies sollte auch der persönlichen Verträglichkeit angepaßt werden. Manche Bohnensorten werden im Drucktopf bitter, außerdem kann das Ventil durch abgesprungene Schalen verstopfen.

Hülsenfrüchte und Bohnen finden ihre Ergänzung in Meeresgemüsen und mineralienreichen Wurzelgemüsen, weil Eiweiß und Mineralien gut harmonieren.

Sojabohnen, das Fleisch Asiens, haben einen höheren Proteingehalt als die meisten Fleischsorten und außerdem einen hohen Fettanteil. Mit 34 % Protein haben sie doppelt soviel wie Fleisch und Fisch und die elffache Menge wie Milch. Da sie schwer verdaulich sind, werden Sojabohnen meist in Form von Tofu und Tempeh gegessen. Sojaprodukte wie Miso, Tamari und Shoyu sind durch Fermentation bekömmlich gemachte Würzmittel. Da sie salzig sind und kühlenden Charakter besitzen, sollten sie ebenso bewußt und sparsam wie Meersalz verwendet werden.

Tofu wirkt auf Milz, Magen und Dickdarm, tonisiert und baut Qi auf. Tofu harmonisiert die Organe des Mittleren Erwärmers und erfrischt bei Magenhitze und Leberfeuer.

Tofu ist reich an hochwertigem Eiweiß und enthält alle acht essentiellen Aminosäuren. Er hat weniger Kalorien, Salz und Fett als Fleisch und enthält kein Cholesterin. Hohe Anteile an Eisen, Phosphor, Calcium und Natrium sowie Vitamin B_1, B_2, E, Cholin und Niacin machen ihn zu einer wertvollen Alternative, die außerdem leicht verdaulich und einfach zuzubereiten ist - wesentlich kürzer als Hülsenfrüchte.

Bei Fieber können Tofustreifen auf die Stirn gelegt werden

Gewaschene Sojabohnen mindestens zehn Stunden in der dreifachen Menge Wasser einweichen - bis sie etwa doppelt so dick und faltenlos glatt sind. Das Einweichwasser enthält Purine und wird weggeschüttet. Die Bohnen werden dann mit etwas frischem Wasser im Blender püriert oder durch einen Fleischwolf gedreht. Zu einem Liter Bohnenpüree werden fünf bis zehn Liter Wasser gegeben und etwa drei Minuten gekocht. Während des Kochvorgangs muß unaufhörlich gerührt werden, damit die Masse nicht anbrennt

- was wegen des hohen Eiweißgehaltes leicht passieren kann. Das Ganze wird dann durch ein mit einem Baumwolltuch ausgelegtes Sieb passiert. Die Sojamilch wird in einem Topf aufgefangen, Sojaschrot (Okara) bleibt im Sieb zurück. Okara bleibt nicht lange frisch. Man kann es zu Kuchen, Kroketten und Gemüseaufläufen verarbeiten.

Die Sojamilch wird nun bei einer Temperatur von 80 °C mit Nigari angereichert. Nigari ist ein Gerinnungsmittel, das aus Magnesiumchlorid des Meersalzes besteht (Herstellung siehe unten). Als Koagulator können wir auch Zitronensaft oder Essig verwenden. Durch den Gebrauch von Nigari entsteht jedoch eine ausgewogenere Tofuqualität. Die Sojamilch wird in drei Etappen mit Nigari angereichert (1,5 bis 2 Teelöffel Nigari in 1 Tasse warmes Wasser aufgelöst). Beim ersten Zugeben gießen wir es langsam in die Mitte. Beim zweiten und dritten Mal sprenkeln wir es auf die Oberfläche der Milch. Nun flockt die Sojamilch aus. Falls sie zu diesem Zeitpunkt nicht gerinnt, warten wir zehn Minuten und rühren dann kreuzweise. Nach 20 Minuten etwa schöpfen wir die Flocken ab und geben sie in einen Tofukasten, der mit einem Tuch ausgelegt ist. Wir beschweren mit einem leichten Gewicht, das nach einer Stunde durch ein schwereres ersetzt wird. Die Aufbewahrung von Tofu erfolgt in kaltem Wasser im Kühlschrank. Das Wasser sollte täglich erneuert werden. Tofu bleibt so etwa eine Woche frisch.

NIGARIHERSTELLUNG

Dazu wird Atlantikmeersalz in ein Baumwollsäckchen gegeben und in einen Trichter gestellt, der wiederum in einem Gefäß steht. Das Ganze wird an einen feuchten, dunklen Ort gestellt. Nach mehreren Tagen hat sich eine Flüssigkeit abgesetzt: das Magnesiumchlorid oder Bittersalz. Das im Baumwollsäckchen verbliebene Meersalz kannst Du weiterhin in der Küche verwenden. Nigari bei der Tofuherstellung nicht überdosieren, es kann bitter werden.

kann eine sinnvolle Übergangsnahrung von der fleischbetonten zur vegetarischen Ernährung sein. Wir können die energetische Qualität verschiedener Fischarten an folgenden Merkmalen unterscheiden:

YIN-QUALITÄT	YANG-QUALITÄT
weißes Fleisch	rotes Fleisch
fett	mager
langsam schwimmend	schnell schwimmend
Süßwasser	Salzwasser
Pflanzenfresser	Raubfisch

Fisch sollte immer frisch sein und angenehm riechen. Frischen Fisch erkennt man an hellroten inneren Kiemen und am Glanz der Augen. Bei frischem Fisch kehrt, wenn wir mit dem Daumen eine Delle in die Außenseite drücken, die ursprüngliche Form schnell zurück.

Beim Essen von Fisch ist ebenso wie beim Fleisch zu bedenken, daß sich die Energie der Todesangst des Tieres beim Fang/Töten im Körper des Tieres manifestiert. Dies erfordert eine dankbare und bewußte Haltung bei der Zubereitung.

Traditionell wird zu Fisch meist etwas sehr Scharfes in Form von frischem geriebenem Rettich, Meerrettich, Zwiebellauch oder rohen Zwiebeln gereicht. Zur besseren Verträglichkeit kann auch ein Stück getrocknete Orangenhaut mitgegart werden.

TRINKWASSER

Da es die hauptsächliche Grundlage all unserer Getränke ist, achten wir auf gute Qualität beim Wasser. Gutes Wasser besitzt Heilkraft. Am besten kocht man mit frischem Quellwasser. Da es aber kaum jemandem zur Verfügung steht und Leitungswasser seine Lebendigkeit verloren hat, empfehle ich levitiertes Wasser oder nach »Grander« belebtes Wasser.

Levitiertes Wasser ist durch das Levitationsverfahren energetisch aufbereitetes Leitungswasser. Es wird in eine bestimmte Bewegung gebracht, wobei sich die molekulare Struktur verändert und das Wasser andere Eigenschaften erhält. Beim Kochen zeigen sich Qualitätsverbesserungen im Hinblick auf Geschmack und Aussehen, besonders bei Getreide und Hülsenfrüchten. Bei stimulierenden Getränken wie Kaffee scheint sich die anregende Wirkung zu vermindern. Milchsäuregärungsprozesse entwickeln sich damit schnell und gut.

Johann Grander, Naturforscher und Erfinder, hat einen natürlichen, physikalischen Wasserbehandler entwickelt, der die Qualität von Leitungswasser verbessert, sowie einen Getränkestab, der die energetische Qualität von Flüssigkeiten erhöht.

GETRÄNKE

Die täglichen Getränke sollten eher eine neutrale als eine stimulierende Wirkung haben. Bei allen Kräutertees sollten wir die genaue Wirkung kennen. Bei Mineralwasser ist der oft sehr hohe Salzgehalt und bei Fruchtsäften der Gehalt an Fruchtsäuren zu berücksichtigen. Sie enthalten große Mengen frischer Früchte in hoher Konzentration. Vitamin-C-haltige Fruchtsäfte sind empfehlenswert bei Yin-Mangel und Hitzeproblemen. Sie befeuchten den Körper und beruhigen das Yang. Der Vitamin-C-Gehalt der Früchte ist abhängig von der Sonneneinstrahlung. In einem Yang-Klima mit viel Sonne ist er höher.

Während des Essens ist es sehr sinnvoll, nur warme oder erwärmende Getränke zu trinken, weil kalte Getränke wie Bier den Verdauungstrakt abkühlen. Besser ist warmes Wasser, Tee oder etwas temperierter Wein. Aperitifs, Digestives oder Kaffee nach dem Essen haben eine verdauungsfördernde Wirkung. Grüner oder schwarzer Tee unterstützen die Verdauung von Fleischgerichten. Ihre kühlende Wirkung gleicht die Hitze des Fleisches aus. Generell ist es gut, wenn das Getränk zum vorangegangenen Essen paßt, wobei der Fütterungszyklus der Fünf Elemente beachtet werden kann.

Es gibt keine allgemeingültige Regel, wieviel man trinken sollte. Die Menge hängt von den Ernährungsgewohnheiten, der Konstitution, dem Lebensraum und der Tätigkeit ab. Es wurde beobachtet, daß Menschen mit einem Mangel an Yang (Wärme und Qi) eher wenig trinken. Wenn jemand regelrecht das Trinken vergißt, kann dies auf eine entsprechende Schwäche hinweisen. Bei einem Mangel an Yin (Körpersäfte und Blut) und bei Entzündungsprozessen ist es wichtig, genügend zu trinken.

BOHNENKAFFEE (ORIENTALISCHE ART)

FEUER: kochendes Wasser
FEUER: Kaffee
ERDE: Rohrzucker oder Honig
METALL: Kardamom (neutralisiert die toxische Wirkung von Kaffee)
Den Kaffee ins kochende Wasser geben und dann Rohrzucker oder Honig und zerstoßenen Kardamom (4 bis 5 Körner auf 1 Liter) hinzufügen. Zwei- bis dreimal kurz aufwallen lassen. Den Kaffee zum Ziehen noch ein paar Minuten beiseite stellen. Bohnenkaffee wirkt Feuchtigkeit im Magen entgegen. Er löst Völlegefühl auf und kann bei Übelkeit, vor allem nach dem Essen, getrunken werden.

GERSTENTEE

FEUER: kochendes Wasser
ERDE: Gerste
Die gewaschenen Gerstenkörner abtropfen lassen und sie dann in einer trockenen Gußeisenpfanne unter ständigem Rühren goldgelb rösten. Die geröstete Gerste ins kochende Wasser geben und 15 bis 20 Minuten auf kleiner Flamme köcheln lassen. Dieser Tee ist erfrischend - besonders im heißen

Sommer. Er entschleimt das Herz und kann bei Orientierungsschwierigkeiten (geistiger Art) und Verwirrtheit getrunken werden. Auf diese Weise läßt sich auch aus Weizen ein erfrischendes Getreidegetränk herstellen.

MAISHAARTEE

FEUER: kochendes Wasser
ERDE: Maishaartee
           Auf einen Liter kochendes Wasser eine Handvoll Maishaartee geben und bis zu 20 Minuten kochen lassen. Maishaartee beruhigt Leber und Galle und leitet feuchte Hitze von Gallenblase, Leber und Blase (Hepatitis) aus. Er kann bei Steinbildung in Nieren, Blase und Galle sowie bei Blasenentzündung getrunken werden. Er besitzt harntreibende Wirkung und wird bei Körperödemen verordnet. Außerdem wirkt er gegen Heißhungergefühle.

PETERSILIENTEE

METALL: 1 Bund Petersilie
WASSER: 1 Liter Wasser
           Die Petersilie waschen und die Stiele entfernen. Blätter und Wasser in einen Glas- oder Keramiktopf geben und zum Kochen bringen. Den Tee auf kleiner Flamme 20 Minuten bis zu zwei Stunden köcheln lassen. Petersilienblättertee entlastet die Leber. Er kann auch zusammen mit einer Grünkernkur, besonders im Frühjahr zur Unterstützung der Leberfunktion getrunken werden. Er tonisiert generell das Qi und im insbesondere das Qi der Nieren.

WASSER:	1 Handvoll schwarze Sojabohnen (Hokkaido)
WASSER:	1/2 l Wasser

Schwarze Sojabohnen waschen und mit Wasser zum Kochen bringen. Ein bis zwei Stunden köcheln lassen. Die Brühe wird getrunken. Sie nährt Leber und Nierensubstanz und hilft bei trockenem Hals und trockenem Husten. Es kann zum Süßen Gerstenmalz, das die Lunge befeuchtet, benutzt werden. Dieses Getränk mögen auch Kinder gern. Schwarze Sojabohnen wirken körperlichen Verfallserscheinungen entgegen und werden unter bestimmten Umständen auch bei Erschöpfungszuständen durch Yinmangel eingesetzt.

SUPPEN

Als Grundlage für eine schmackhafte Suppe kann Gemüsewasser benutzt werden. Entweder fällt es beim Kochen von Gemüse an oder wir bereiten es aus Gemüseteilen wie Wurzeln, Stengeln und so weiter zu. Es ist praktisch, eine kleine Schüssel bereitzustellen, in die wir Gemüseteile legen, die wir aus ästhetischen Gründen nicht verwenden wollen, die aber sehr wertvoll im Gehalt sind. Diese können auch getrocknet und zu einem späteren Zeitpunkt verwendet werden. Wir können auch eine Suppenbrühe aus getrockneten Pilzen wie zum Beispiel Shitake oder aus Kombualge herstellen. Als Einlage eignen sich frische oder kurz angebratene Gemüse sowie Nudeln oder vorgekochte Getreide. Nimm zum Abschmecken kleine Mengen Shoyu-Sojasoße oder Miso. Beim Gebrauch von salzigen Würzmitteln ist der kühlende Effekt zu berücksichtigen und dies nach Jahreszeit zu entscheiden. Eine Suppe sollte nicht salzig schmecken, sondern der Geschmack der Inhaltsstoffe kann durch eine kleine Menge Salz unterstrichen werden.

DER SAURE/ADSTRINGIERENDE GESCHMACK

Energie: Yin
Bewegungsrichtung: nach unten
Energierichtung: nach innen

Sauer und adstringierend ziehen zusammen, immobilisieren, sammeln an und halten die Körpersäfte fest. In der traditionellen chinesischen Ernährungs- und Kräutertherapie wird dieser Geschmack für abführende, sammelnde und ausscheidende Prozesse eingesetzt.

Die meisten Nahrungsmittel mit saurem Geschmack besitzen erfrischende Eigenschaften. Essig ist dabei eine Ausnahme.

Joghurt und andere vergorene Milchprodukte, Brottrunk und Zitrusfrüchte ernähren und erfrischen die Organe, indem sie die Säfte bewahren. Sie werden in der traditionellen chinesischen Ernährungstherapie in Verbindung mit blutaufbauenden Kräutern bei Trockenheitssymptomen eingesetzt. Außerdem werden sie bei chronischem Durchfall in ihrer adstringierenden Form verwendet, beispielsweise Blaubeeren.

Auch auf die Organe des Erdelementes wirken diese sauer-zusammenziehenden Lebensmittel, indem sie die Säfte beschützen.

Grünkern und Geflügel sind Nahrungsmittel des Holzelementes mit erwärmenden Eigenschaften. Geflügel ist nicht wegen seines Geschmacks diesem Element zugeordnet, sondern weil es der geistigen Affinität des Holzes entspricht. Alle Getreide entsprechen prinzipiell dem Erdelement. Da Grünkern jedoch eine reinigende Wirkung auf die Leber hat, ist er dem Holzelement zugeordnet.

Essig hat eine sauer-warme thermische Qualität. Er kann, im Übermaß genossen, zu roten Augen (Leberfeuer) und zu Muskel- und Bindegewebserkrankungen führen. Die Leber liebt Entspannung durch den süßen Geschmack. Zuviel sauer bewirkt das Gegenteil, da das Qi der Leber angeregt wird. Das Verlangen nach sauer in der Schwangerschaft wird durch Blutleere in der Leber ausgelöst, deren Ursache Eisen- und Blutmangel ist.

GETREIDE UND HÜLSENFRÜCHTE

 Grünkern

Backferment
Dinkel
Hefe
Kisiel
Sauerbrotteig
Weizen

NÜSSE

Lotosnüsse

GEMÜSE

 Bärlauch

eingelegt in
Essig
Essiggurke
milchgegorene
Gemüse
Sauerkraut
Tomate

 Sauerampfer

OBST

 Fructus Lycii

Apfelkompott
Beerenfrüchte
Brombeere
Erdbeere
Heidelbeere
Johannisbeere
Mandarine
Orange
Preiselbeere
Sauerkirsche
Stachelbeere
unreifes Obst
und unreife
Beerenfrüchte
Zitrone

Kiwi
Rhabarber

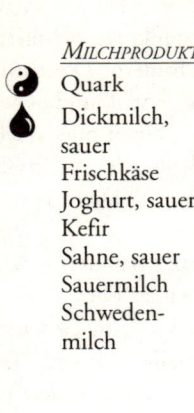

MILCHPRODUKTE
Quark
Dickmilch, sauer
Frischkäse
Joghurt, sauer
Kefir
Sahne, sauer
Sauermilch
Schweden- milch

FLEISCH
Hähnchen
Huhn
Hühnerleber
Hühnermagen
Ente

GEWÜRZE
Balsamessig
Weinessig
Brottrunk
Kwass

GETRÄNKE
Kirschsaft
Fruchtsaft, frischer
Sauerkrautsaft
Weizenbier, mit oder ohne Hefe

KRÄUTERTEES
Früchtetee
Hagebuttentee
Hibiskustee
Malventee

Wenn man Erkältungen loswerden möchte, ist es wichtig, den sauren, zusammenziehenden Geschmack zu vermeiden. Kälte, die in den Körper eindringt, schließt die Poren der Haut. Man muß sie öffnen, damit die Kälte den Körper wieder verlassen kann. Genau das bewirken scharf-wärmende Gewürze und Getränke wie beispielsweise Ingwer oder Yogitee, die das Schwitzen fördern. Die dafür berühmte »heiße Zitrone« bewirkt genau das Gegenteil, und es besteht dann die Gefahr, daß die Kälte im Körper bleibt oder noch tiefer eindringt. Halsschmerzen werden durch heißen Zitronensaft zwar gelindert, aber der bioklimatische Kälteeinfluß bleibt bestehen.

Sauer schützt vor Schwitzen. In Südost-Asien, besonders in Vietnam, schmecken warme Speisen häufig süß-sauer. Dies ist eine gelungene Geschmackskombination. Der süße Geschmack wirkt anregend und aufbauend auf die Säfteproduktion des Körpers. Der saure, zusammenziehende Geschmack bewahrt die Säfte, indem er übermäßiges Schwitzen verhindert und die Säfte so festhält. Süß-saure Speisen mit warmer Qualität eignen sich daher auch bei breiigem Stuhlgang und Durchfall, der durch Kälte verursacht wurde. Süß-säuerliche Getränke, Kompotte und Obst schaffen Ausgleich bei sportlichen und körperlichen Aktivitäten, die Schwitzen verursachen, sowie bei Sommerhitze.

Es ist wichtig, sauer nicht langfristig als vorherrschenden Geschmack zu bevorzugen, weil dadurch eine Schwächung der Organe des Erdelementes ausgelöst werden kann. Entsprechend dem Kontrollzyklus greift Holz Erde an.

Während der Kräutertherapie ist es nicht sinnvoll, Kräuter zusammen mit sauren Speisen und Getränken oder mit saurem Obst einzunehmen. Ihre Wirkung wird dadurch vermindert.

Der adstringierende Geschmack festigt das Yin der Nieren und beschützt ihre Essenz. Unreife Beerenfrüchte wirken besonders adstringierend. In der Kräutertherapie wird dieser Geschmack bei Harndrang, Ausfluß und sexueller Schwäche in kleinen Dosierungen eingesetzt.

Das Haltbarmachen und Veredeln von Nahrungsmitteln durch Fermentierung hat eine lange Tradition. Miso und Tamari oder Shoyu gehören zu den typischen fermentierten Nahrungsmitteln Asiens. Vorwiegend vegetarisch lebende Völker entwickelten Yang-Pickles: durch Zusatz von Salz, Druck, Sonne und Trocknen. Die Fermentation benötigt einen langen Zeitraum. Fleisch bevorzugende Völker aßen mehr Yin-Pickles: durch Zusatz von Wasser, Essig, Kräutern, Gewürzen und Süßmitteln sind sie in viel kürzerer Zeit hergestellt als Yang-Pickles. In Europa wurden milchsaure Gemüse oder vergorene Getreide bevorzugt.

Miso ist ein fermentiertes Sojabohnenpüree. Es enthält lebende Enzyme, Hefepilze, Schimmelpilze und andere Bakterien, die die Verdauung unterstützen. Traditionell in Zedernholzfässern hergestellt, dauert die Fermentation bis zu vier Jahren. In der römischen Kultur hatte man Liquamen oder Garum, das waren Fische oder Fischinnereien, die, mit Salz und Kräutern in ein Holzfaß geschichtet, über mehrere Wochen in der Sonne vergoren. Fermentiertes ist zudem eine hervorragende Vitamin B_{12}-Quelle und somit besonders wichtig für Vegetarier.

REZEPTE FÜR MILCHSAUERES GEMÜSE

FLÜSSIGKEIT I:

ERDE:	Gerstenmalz
METALL:	Ingwerscheiben
WASSER:	50 % Shoyu
WASSER:	50 % abgekühltes, abgekochtes Wasser

FLÜSSIGKEIT II:

ERDE:	Reismalz
METALL:	geriebener Ingwer
WASSER:	Tamari oder Shoyu
WASSER:	abgekochtes, abgekühltes Wasser

FLÜSSIGKEIT III:

WASSER:	Nattomiso 25 %
WASSER:	Buchweizenmiso 25 %
WASSER:	abgekochtes, abgekühltes Wasser 50 %

EINLAGEBEISPIELE:

ERDE:	Möhren und weißer Rettich
ERDE:	Grünkohl und gerösteter Sesam, Möhren und Kürbis
ERDE:	Stangensellerie
ERDE:	Gurken
ERDE:	Rote Beete
ERDE:	Chinakohl

KISIEL,

»Key-shell« ausgesprochen, ist eine würzige, fermentierte Getreide-speise, die ursprünglich aus Rußland kommt und dort mancher-orts auch »Kwascha« genannt wurde. Sie ähnelt dem polnischen »Zur« oder dem »Geislitz« aus Österreich (Steiermark und Kärn-ten). Da Kisiel weit verbreitet war, gibt es viele verschiedene tradi-tionelle Rezepte.

ZUBEREITUNG

Man stellt aus Hafer, Gerste oder Weizen einen Brei her, den man an einem warmen Platz fermentieren läßt. Hafer ergibt eine cremigere Sorte, während Gerste und Weizen fester werden. Diese Getreidesorten können auch beliebig gemischt werden.

1/2 Tasse Gerste,
1/2 Tasse Hafer und
2 Tassen Wasser
oder
1/4 Tasse Gerste,
1/4 Tasse Reis,
1/2 Tasse Hafer und
2 Tassen Wasser

Alles zusammen wird im Drucktopf auf kleiner Flamme etwa 45 Minuten geköchelt oder das Getreide über Nacht eingeweicht und in einem einfachen Topf etwa 45 Minuten lang gekocht.

Man kann auch Haferflocken verwenden, die man dann nur 15 bis 20 Minuten lang im normalen Topf kocht.

Das gekochte Getreide wird in ein Glas gegeben, dort läßt man es auf Handwärme abkühlen. Als Fermentations-Starter wird ein Teelöffel voll unpasteurisiertes Bio-Sauerkraut eingerührt - das ist wegen der Qualität der Bakterienkultur sehr wichtig. Das Glas wird jetzt mit einem Nesseltuch zugedeckt 24 Stunden lang an einen warmen Ort gestellt. Wenn Kisiel die gewünschte Säuerung erreicht hat, kann er im Kühlschrank (Kälte stoppt die weitere Fermentierung) aufbewahrt werden. Hiervon behält man eine halbe Tasse für den nächsten Kisiel als Starter zurück.

Das fermentierte Getreide schmeckt zum Frühstück, als kleine Zwischenmahlzeit oder kann auch als Beilage zu einem Menü verwendet werden. Es schmeckt im Sommer kalt, kann aber ebenso gekocht werden. Für eine cremigere Konsistenz zur Herstellung von Dressings oder Desserts püriert man es.

KWASS

Das ist ein traditionelles russisches, saures Getränk, das aus fermentiertem Weizen, Roggen und Gerste oder Buchweizen hergestellt wird. Es kann wie Brottrunk verwendet werden. Heute wird es zumeist aus altem Brot hergestellt.

ZUBEREITUNG

WASSER: 6 Tassen Wasser

HOLZ: 1 Tasse Sauerteigbrot, in kleine Stücke geschnitten

HOLZ: ein wenig geriebener Apfel

Lasse die Mischung eine Woche lang bei 18 °C bis 20 °C stehen. Auf der Oberfläche kann ein weißer Schimmelpilz entstehen, der nicht mitgegessen wird, aber harmlos ist.

131

KISIEL-DRESSING

ERDE:	Tahin (Sesammus), ungesalzen
METALL:	Senf
METALL:	gehackte Zwiebeln
WASSER:	Shoyu
WASSER:	Wasser
HOLZ:	Kisiel
HOLZ:	feingehackte Essiggurke

KISIELPUDDING

WASSER:	Wasser
HOLZ:	Apfelsaft oder Apfelmus
HOLZ:	Kisiel
FEUER:	mit einer Prise Kakao
WASSER:	alles zum Kochen bringen
ERDE:	Mandelmus
ERDE:	Gerstenmalz

SAUERTEIGSTARTER

WASSER:	Quellwasser
HOLZ:	1 Teelöffel Kisiel
HOLZ:	60 g Vollweizenmehl

ROHKOST

Rohkost entspricht in der Fünf-Elemente-Ernährung dem Holzelement.

Der Rohkostanteil an der Ernährung sollte dem Klima, der Jahreszeit und der Region, in der wir leben, angepaßt sein. In einem gemäßigten Klima bei guter Kondition kann man bis zu einem Drittel der täglichen Gemüsemenge roh, als Salat oder Sprossen essen. Beachte: Rohkost kühlt den Körper. Für Menschen mit Kältekonstitution oder in der kühlen bis kalten Jahreszeit führt Rohkost zu einem zusätzlichen Wärmeverlust. Man kann Rohkostsalate mit wärmenden Gemüsesorten energetisch ausgleichen: mit Karotten oder durch die Zugabe von etwas Walnußöl, das auch erwärmend wirkt. Alle Blattsalate mit dem bitteren Geschmack wie beispielsweise Endivie, Radicchio, Chicorée, grüner Kopf-, Batavia- und Romanasalat haben eine kalte Wirkung. Sie vermindern das Yang von Herz und Nieren und senken die Libido. Der bitter-kalte Geschmack wird in der Ernährungstherapie eingesetzt, um einer Yang-Fülle (Hitze) entgegenzuwirken.

SPROSSEN UND KEIMLINGE

Sie entsprechen der Energie des Holzelementes, sind von erfrischender Qualität, geben Kraft (lebendige Energie) und wirken auf den ganzen Organismus regenerierend. Samen vor dem Genuß zum Keimen zu bringen war Brauch bei den Hunzas, Chinesen, Azteken und Navajos. Das Samenkorn ist der Speicher der Lebensenergie. Es enthält alle Energie, die das neue Leben zum Wachstum braucht - und den genetischen Kode. Wenn Wasser hinzukommt, werden die Nährstoffe, die sie enthalten, zu lebendiger Energie.

Der Keimvorgang: Hierbei wird rohes Protein in Aminosäuren umgesetzt. Stärke wird größtenteils zu Einfachzucker abgebaut. Außerdem erhöht sich der Gehalt an Vitamin A, B, B_{12} und C, der nach 50 bis 96 Stunden am höchsten ist. Anorganische Mineralien verbinden sich teilweise zu organischen Komplexen, die dann für unseren Organismus verwertbar werden. Durch den Keimvorgang wird Samen sozusagen zu vorverdauter Nahrung, die vom Körper sehr leicht assimiliert werden kann.

Zum Keimen eignen sich alle Getreide, wobei dem Weizen als »konzentriertere Sonnenkraft« eine besondere Bedeutung zukommt.

»Netze deinen Weizen, auf daß der Engel des Wassers in ihn eingehen kann. Setze ihn dann der Luft aus, auf daß der Engel der Luft ihn umarmen kann. Und laß ihn vom Morgen bis zum Abend an der Sonne, auf daß der Engel des Sonnenscheins sich auf ihm niederlassen kann.«

- Essäische Johanneslehre

Von den Hülsenfrüchten eignen sich am besten Linsen, Kicher-
erbsen und Mungbohnen zum Keimen. Vor dem Verzehr werden
diese Keimlinge kurz in kochendem Wasser blanchiert.

Alfalfa (Kleesamen), Leinsaat, Sesam-, Senf-, Rettichsamen und
Sonnenblumenkerne sind sehr beliebte gut keimbare Samen. Es
empfiehlt sich, Samen biologischer Qualität zu verwenden, sie besitzen eine hohe Keimfähigkeit.

Um den Keimprozeß in Gang zu bringen, braucht der Samen
Wärme (18 °C - 20 °C) und Feuchtigkeit und anfangs Dunkelheit
(wie in der Erde). Nach dem ersten Keimprozeß, am vierten oder
fünften Tag, benötigt der Sproß Licht zur Chlorophyllaufnahme.

Hier ein paar Keimmethoden:

IM GLAS

Wir benötigen ein Glas mit weiter Öffnung (Einmachglas), ein
Tuch (Naturmaterial) und einem Gummiring. Die Körner werden
gewaschen, ins Wasser gegeben, die oben schwimmenden entfernt
und die restlichen eingeweicht. Das Glas wird mit dem Tuch ver-
schlossen und zum Abtropfen schräg nach unten gestellt. Zweimal
täglich müssen die Körner durchgespült und dann wieder zum
Abtropfen gestellt werden.

IN EINER SCHALE

Ein feuchtes Nesseltuch wird in einer flachen Schale ausgebrei-
tet. Darauf werden die gewaschenen und eingeweichten Körner
gelegt und mit einem weiteren feuchten, doppelt genommenen Tuch
bedeckt. Die Tücher müssen nun immer feuchtgehalten werden.

IM KEIMGERÄT

Dies sind meist mehrere übereinanderstehende Schalen, deren
Boden gerillt und durchlässig ist. Es genügt, einmal täglich frisches
Wasser in die oberste Schale zu füllen.

SEITAN (WEIZENGLUTEN)

Gluten ist das Eiweiß des Weizens, das durch Auswaschen von
Stärke und Kleie separiert wird. Durch seine fleischähnliche Struktur kann es als Fleischersatz verwendet werden. Außerdem ist es

nahrhaft und vitalisiert, weil es Qi und Blut tonisiert. Seitan harmonisiert den Mittleren Erwärmer. Er wirkt innerer Hitze entgegen, beruhigt überschüssiges Yang und kann Fieber senken. Eine weitere Qualität von Seitan liegt im Stillen von übermäßigem Durst.

Es gibt viele verschiedene Methoden der Seitanherstellung. Ich stelle hier zwei vor.

Da sich selbst feingemahlenes Vollweizenmehl sehr schwer auswaschen läßt, empfiehlt sich die Zugabe von 85 % feingemahlenem Mehl (mit einem Ausmahlgrad von 1050).

FESTER SEITAN (LANGE METHODE)

Es wird ein Teig aus Mehl von hartem Winterweizen, Meersalz und Wasser geknetet - 15 bis 30 Minuten lang -, bis er weich, aber nicht klebrig ist. So bleibt er ein bis drei Stunden unbedeckt in einer Schüssel stehen. Dann wird er mit kaltem Wasser übergossen und so lange geknetet, bis das Wasser milchig geworden ist. Dieser Vorgang wird etwa fünfmal wiederholt, das Wasser jeweils erneuert und aufgehoben. Die restlichen Kleiestückchen werden unter fließendem Wasser ausgewaschen. Zurückgeblieben ist nun ein gummiartiges Glutenstück. Es wird kräftig ausgedrückt und in mehrere kleine Stücke geteilt, die dann in kochendes Wasser gegeben werden. Sobald sie nach oben kommen, werden sie herausgenommen. Abtropfen und abkühlen lassen. Der Seitan ist fertig und kann jetzt beliebig weiterverarbeitet werden. Durch Kochen wird Seitan bekömmlicher - durch Würzen vielfältiger im Geschmack. Zum Beispiel eine Marinade herstellen mit ein bis zwei Stücken Kombualge, einigen Ingwerstücken und einer Shoyu-Wassermischung (Verhältnis 1 : 3 bis 1 : 5). Der mit der Marinade bedeckte Seitan wird nun im Drucktopf 30 bis 40 Minuten oder im normalen Topf eine bis zwei Stunden gegart. Nun ist er für die Weiterverarbeitung in Eintöpfen, Suppen, in Füllungen oder als Zwischenmahlzeit vorbereitet.

ZARTER SEITAN (KURZE METHODE)

Mehl aus Frühlingsweizen, Wasser und Meersalz mit einem Holz-löffel in fünf bis zehn Minuten zu einem feinen Teig verrühren. Den Teig dann in kleinere Portionen teilen und diese in einem Sieb, das in kaltem Wasser hängt, auswaschen. Das Ausspülen wird so-lange wiederholt, bis keine Stärke mehr austritt. Das jeweilige Spül-wasser getrennt aufheben. Es gibt auch für den auf diese Art herge-stellten Seitan verschiedene Weiterverwendungsmöglichkeiten: als Ganzes kochen oder in kleinen Stücken mit Wasser, Shoyu und Ingwer. Im Drucktopf beträgt die Kochzeit 12 bis 15 Minuten, im normalen Topf 35 bis 50 Minuten.

Kleine Seitanstücke kann man mit einem Nudelholz ausrollen. Vorgekochte Gemüsestücke hineinwickeln (beispielsweise Möhren oder Pastinaken) und die Enden zusammendrücken. Die Gemüse-Päckchen können in Sesamöl frittiert und anschließend in Kombu-Shoyu-Suppenbrühe 20 bis 30 Minuten gekocht werden. Die Brü-he kann später zu einer Soße weiterverarbeitet werden. Wem das Fritieren zu fettig ist, kann darauf verzichten und das Ganze gleich in Brühe kochen.

WEITERVERWENDUNG DES SEITANWASSERS/KLEIEBADES

Nachdem wir die Kleie mit dem ersten Seitanwasser herausgewa-schen haben, gewinnen wir daraus die Weizenstärke. Sie setzt sich nach einigen Minuten am Boden der Schüssel ab. Sie ist besonders leicht verdaulich und eignet sich beispielsweise zum Andicken von Soßen, Suppen und Puddings. Um sie länger aufzubewahren, kann sie auf einem Blech in der Sonne getrocknet und dann in Stücke gebrochen luftdicht aufbewahrt werden.

Das zweite Seitanwasser eignet sich zur Schönheits- und Baby-pflege. Es macht die Haut zart und geschmeidig. Die Kleie kann zur Körperpflege (Gesichtswaschungen) verwendet werden. Das ge-samte restliche Seitanwasser kann gesiebt einem Vollbad beigege-ben werden.

DER BITTERE GESCHMACK

Energie:	Yin
Bewegungsrichtung:	nach unten
Energierichtung:	nach innen

Der bittere Geschmack wirkt austrocknend, ausleitend, absenkend und entzündungshemmend. Wegen seiner abführenden Wirkung auf den Dickdarm wird er bei Verstopfung eingesetzt. Mit seiner hitze-beruhigenden Qualität unterstützt er die Ausleitung entzündlicher Prozesse. Fast alle bitteren Kräuter haben erfrischende oder kalte Eigenschaften. Löwenzahnwurzel und Chicorée werden in der traditionellen chinesischen Ernährungstherapie eingesetzt, um Hitze und überschüssiges Yang in der Galle zu beruhigen. Die bitterkalten Eigenschaften von Blattsalaten wirken beruhigend. Ein altes Hausrezept bei Schlafstörungen empfiehlt, vor dem Zubettgehen gebratenen grünen Salat zu essen. Bitter-kalte Kräuter werden zur Senkung von Fieber eingesetzt. Da der bittere Geschmack austrocknet und eine nach unten ausscheidende Wirkung besitzt, wird er auch zur Ableitung von Feuchtigkeits-Ansammlungen im Körper verwendet, beispielsweise bei Blasenentzündung.

Wir kennen den bitteren Geschmack hauptsächlich von Kaffee, Bitterlikören sowie schwarzem und grünem Tee. Von Natur aus ist Kaffee kalt, wird aber durch das Röstverfahren in seiner Wirkung erwärmend. Er regt die Darmtätigkeit an und wird deshalb gerne am Morgen oder nach dem Essen getrunken. Auf der geistigen Ebene wirkt er inspirierend. Er regt zwar kurzfristig den Kreislauf an, erschöpft jedoch auf Dauer das Yin der Nieren.

Bitterliköre fördern das Yang des Magens und sind nach schwerem (fettigem) Essen beliebt. Wer eine Kälte-Konstitution hat, sollte wissen, daß schwarzer und grüner Tee thermisch kalte Eigenschaften besitzt. Grüner Tee ist empfehlenswert nach einem Essen mit viel Fleisch und Fett. Wegen der austrocknenden Wirkung sind Kaffee und schwarzer Tee für Menschen mit Anämie nicht geeignet.

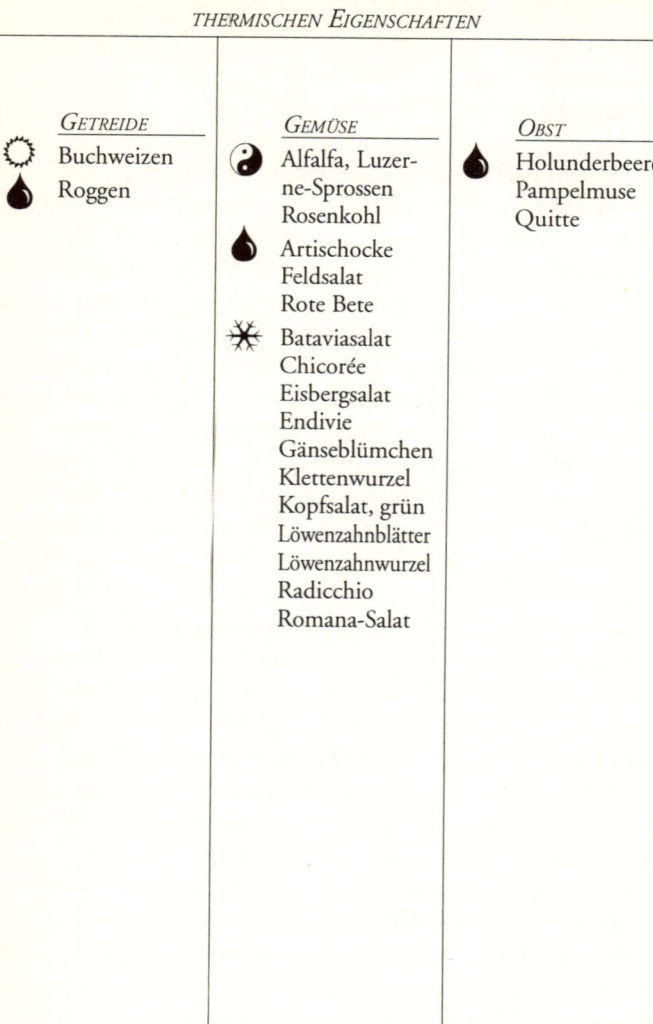

GETREIDE
○ Buchweizen
🔹 Roggen

GEMÜSE
☯ Alfalfa, Luzer-
ne-Sprossen
Rosenkohl
🔹 Artischocke
Feldsalat
Rote Bete
❋ Bataviasalat
Chicorée
Eisbergsalat
Endivie
Gänseblümchen
Klettenwurzel
Kopfsalat, grün
Löwenzahnblätter
Löwenzahnwurzel
Radicchio
Romana-Salat

OBST
🔹 Holunderbeere
Pampelmuse
Quitte

FLEISCH

◉ Hammel
Lamm
Schaf
Ziege
○ Lammnieren

MILCHPRODUKTE

○ Schafskäse
Ziegenkäse
Ziegenmilch

GEWÜRZE

◉ Bockshornklee-
samen
○ Curcuma
Kakao
Mohn
Oregano
Rosenpaprika
Rosmarin
Thymian
Wacholderbeere

GETRÄNKE

○ Kaffee
Kakao
Rotwein, trok-
kener
● Getreidekaffee
✳ Grüner Tee
Guinness
Pils
Schwarzer Tee

KRÄUTERTEES

○ Beifuß
● Chrysanthe-
menblüten,
chinesische
Hopfen
✳ Baldrian
Brombeerblät-
ter
Eisenkraut
Enzianwurzel
Frauenmantel
Schafgarbe
Wermut

Rösten erzeugt einen bitteren Geschmack und hat eine austrocknende Wirkung. Ein Überschuß von bitteren und gerösteten Speisen kann durch Erschöpfung der Säfte zu trockener Haut führen.

Der bittere Geschmack regt die Lunge an. Er hat eine antiasthmatische Wirkung, da das Lungen-Qi nach unten gesenkt wird. Bittermandel und Bitteraprikose wirken auf diese Weise.

In der Kräutertherapie wird bitter-kalt bei Hitzestagnation, Bluthitze, Krebs, Hautproblemen und einem Überschuß an Yang eingesetzt.

Zigaretten regen aufgrund ihres bitteren Geschmacks das Yang der Niere an. Dadurch zerstreut Rauchen kurzfristig Unterleibskälte. Frauen mit dieser Symptomatik fällt es deshalb häufig besonders schwer, das Rauchen aufzugeben.

FLEISCH

Verschiedene alternative Ernährungslehren sehen heute das Ziel des Lebens im Einklang mit der Natur unter Verzicht auf jede Gewaltanwendung unter Menschen und zwischen Mensch und Tier. Ethisch und moralisch haben wir auf den verschiedensten Ebenen des Lebens ein hohes Niveau erreicht. Wenn es jedoch um die Menge des Fleischverzehrs geht, sind wir häufig in alte, überholte Essensmuster verstrickt. Anstatt tierisches Eiweiß als Ergänzung, der individuellen Konstitution entsprechend und der Klimazone angepaßt einzusetzen, wird es vor allem in den Industrieländern zur Deckung des gesamten Eiweißbedarfs benutzt. Diese Eiweißmast ist Mitverursacher für viele degenerative Erkrankungen, da sie den menschlichen Organismus und seine Funktionen übermäßig belastet und häufig der Grund für eine Übersäuerung des Körpers sind. Wir wissen auch, daß Fleischproduktion Energieverlust bedeutet, den wir uns bei der stetig ansteigenden Bevölkerungsrate nicht langfristig leisten können. Zur Erzeugung von einer Kalorie tierischer Nahrung werden etwa sieben Kalorien pflanzlicher Futtermittel benötigt. Hochgezüchtete und künstlich ernährte Tiere stellen außerdem ein qualitativ minderwertiges Nahrungsmittel dar, abgesehen von den medikamentösen und hormonellen Verabreichungen in der modernen Viehzucht. Im Fettgewebe der Tiere sind die Rückstände von Schwermetall und Pestiziden im Vergleich mit pflanzlichen Produkten bis zur zwanzigfachen Menge enthalten. Beim Fleischverzehr ist es daher besonders wichtig, auf Qualität, Menge und Zubereitung zu achten.

Da Fleisch eine sehr kraftvolle Nahrung ist, hat es in der traditionellen chinesischen Ernährungslehre auch einen besonderen Stellenwert. Es wird im wesentlichen bei Wärme und Energiemangel verwendet. Dazu werden kleine Mengen in Form von Kraftsuppen in Verbindung mit Kräutern, sowie Fleischspeisen mit Gemüse und Pilzen zubereitet. Die Zubereitungen dienen nicht der Deckung des Eiweißbedarfs, sondern sie werden ernährungstherapeutisch eingesetzt. Bei Hitzeerkrankungen, Krebs, Fieber und Entzündungen wird vom Fleischverzehr abgeraten. Im Sommer, in heißen Ländern und für Menschen mit einer Yang-Hitze-Konstitution ist Fleisch kein geeignetes Nahrungsmittel.

Im folgenden habe ich etliche Rezepte, die Fleisch enthalten, angegeben - nicht, weil ich Fleisch jetzt doch besonders empfehlen möchte, sondern weil ich in meinen Kochkursen immer wieder die Erfahrung gemacht habe, daß sie den vielen Fleischessern - und das sind immer noch über 90 % der Bevölkerung und 80 % der Teilnehmer in meinen Kursen - helfen, ihren Fleischkonsum langsam zu verringern. Denn wenn Fleisch in einer Kraftbrühe verarbeitet wird, benötigen wir wesentlich kleinere Mengen davon.

Beim Fleischverzehr ist es wichtig, die Qualität, die Menge und die Zubereitung zu berücksichtigen. Die persönliche Haltung gegenüber dem Tier spielt sicherlich eine wichtige Rolle.

Da Fleisch von seiner Energie her Yang-Qualität hat und die Nieren belastet, sollte es durch kühlende, erfrischende und befeuchtende Nahrungsmittel ergänzt werden. Pilze passen sehr gut zu Fleisch und helfen den Nieren bei der Eiweißausscheidung. Wurstwaren können durch Blattsalate ergänzt werden. Wird Getreide zum

Fleisch serviert, kann eine Sorte des gleichen oder des fördernden Elementes gewählt werden. Die Fleischspeise ist der Kaiser des Tages. Kocht man - wie bei allen hier angegebene Rezepten - im fördernden Zyklus, wird Fleisch meistens am Ende des Zyklus eingesetzt. Die anderen Zutaten wirken unterstützend. Nach einer fleischhaltigen Mahlzeit unterstützen roter chinesischer Tee (Tuo Cha), grüner Tee oder Pfefferminztee die Verdauung.

KRAFTBRÜHEN

Eine Möglichkeit, um mit einer geringen Menge Fleisch ein optimales Ausnutzen seiner Kraft zu erhalten, ist die Herstellung von Kraftsuppen, wie sie früher im europäischen Raum weit verbreitet waren und heute noch in China in Verbindung mit kraftspendenden Kräutern alltäglich sind.

Traditionell wird in China einmal wöchentlich eine Kraftbrühe mit den Lebensmitteln und Kräutern der Saison zubereitet. Es gibt dort zwischen Ernährung und Kräuteranwendung keine Trennung. Jeder, der kocht, ist versiert im Umgang mit Kräutern.

Wenn wir in alten deutschen Kochbüchern nachschlagen, erkennen wir, daß die Zubereitung von Kraftbrühe noch eine wichtige Rolle spielte: bei festlichen Anlässen, nach Schwangerschaft und allgemein zur Genesung. Das Besondere bei der Herstellung von Kraftsuppe ist die lange Kochzeit: mindestens vier Stunden bis zu mehreren Tagen.

Die Gemüse- und Fleischeinlagen werden in der Regel, vor allem nach extrem langen Kochzeiten, nicht mitgegessen. Das Fett muß unbedingt entfernt werden. Ist die Kochzeit der Kraftbrühe beendet, werden die einzelnen Portionen getrennt aufgewärmt. Im Winter empfiehlt sich eine längere, im Sommer eine kürzere Kochzeit. Der Topf für die Brühe sollte nicht aus Stahl und keinesfalls aus Aluminium sein. Am besten eignen sich Keramik-, Glas- oder Emailletöpfe. Wenn die Brühe abkühlt, wird der Deckel abgenommen, damit das Kondenswasser nicht zurückfließt. Kraftsuppe ist ein Extrakt, das heißt: Wir extrahieren die Energie der Essenz. Wenn wir mehr Zutaten (Materie) verwenden, wird das Yin unterstützt. Die Suppe ist dann aber auch geschmackvoller. Geben wir weniger Zutaten hinein, unterstützen wir das Yang: die Brühe hat einen weniger intensiven Geschmack.

Kraftsuppen haben den Vorteil, daß aus einer geringen Menge Fleischbeigabe ein großes Energiepotential geschöpft werden kann. Sie eignen sich besonders als Energie-Ergänzung in kälteren und feuchteren Klimazonen, im Winter, außerdem nach einer Schwangerschaft oder Krankheit, wenn wir zusätzlicher Stärkung bedürfen. Für strikt vegetarisch lebende Menschen kann die Kraftsuppe auch ohne Fleisch gekocht werden. Man ergänzt dann mit erwärmenden Kräutern wie beispielsweise Thymian und Knoblauch und erwärmenden Gemüsesorten wie Zwiebeln, Lauch und Möhren.

HÜHNERKRAFTBRÜHE
empfiehlt sich bei allgemeiner Müdigkeit. Sie führt dem Körper viel Qi zu und tonisiert die Nieren. Sie ist zudem ein gutes Tonikum nach der Entbindung. Wegen der Qi anregenden Wirkung ist im Frühjahr und Sommer bei dieser Kraftbrühe Vorsicht geboten.

LAMM-/HAMMEL-/ZIEGEN-KRAFTBRÜHE
erwärmt den Unterleib und stärkt die Libido, tonisiert zudem das Yang der Nieren (Feuer). Sie eignet sich nicht für den Sommer.

RINDERKRAFTBRÜHE
harmonisiert den ganzen Körper. Sie tonisiert Qi und Blut.

KRÄUTERKRAFTBRÜHE
wird im Wasserbad in einer Porzellanschüssel gekocht.

ZUBEREITUNG VON KRAFTBRÜHE
Die gewünschte Menge Wasser wird in einen Topf gefüllt und zum Kochen gebracht. Dann wird mit dem Feuerelement begonnen. Die nächste Zutat kann ebenfalls aus dem Feuer- oder Erdelement sein. Dann geht man entsprechend dem natürlichen Zyklus weiter zum Metallelement, zum Wasserelement und zum Holzelement. Es ist

möglich, fünfmal durch den ganzen Kreislauf zu gehen. Zwischen den einzelnen Elementen sollte zwei bis drei Minuten Pause sein. Das zuletzt hinzugegebene Lebensmittel ist das dominierende Element. Bei einer Fleischkraftbrühe wird somit das Fleisch zum Schluß dazugegeben: es ist das Wichtigste. Die letzte Zutat wird durch die vorangegangenen Elemente unterstützt. In der chinesischen Tradition stellt sie den »Kaiser« dar.

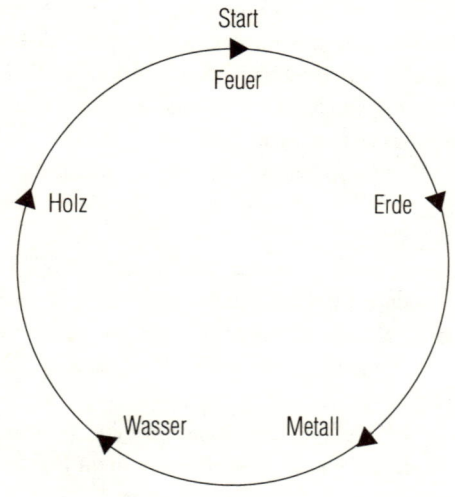

Elementezyklus für die Herstellung von Kraftbrühe

Hühnerkraftbrühe

FEUER: 3 l kochendes Wasser
FEUER: 1 Eßlöffel Thymian
ERDE: 1 Stück Sellerie
ERDE: 3 rote Datteln
ERDE: 1 kleine chinesische Angelikawurzel
(Radix Angelicae sinensis)
(Angelikawurzel ist nicht für Schwangere geeignet
und sollte auch während der Menstruation
vermieden werden)
ERDE: 1 frische Lotoswurzel oder
1 Handvoll getrocknete Lotoswurzel
METALL: 1 Stück Lauch
METALL: 1 Knoblauchzehe
METALL: 1 Zwiebel
METALL: 1/2 Teelöffel Liebstöckelwurzel
HOLZ: 1 Hühnerschenkel (ohne Haut und Fett)
Diese Suppe wird mindestens vier Stunden gekocht,
oder man kann sie leicht köchelnd auf dem Herd
lassen, bis sie gegessen wird. Nach der Entbindung
wird dreimal täglich eine kleine Schale davon
empfohlen.

Geflügelkraftbrühe

bei Qi-Mangel der Milz und Blutmangel der Leber
WASSER: 2 l Wasser
HOLZ: 300 g Geflügelfleisch mit Knochen
FEUER: beides zusammen zum Kochen bringen,
dann hinzufügen:
ERDE: 20 g Fructus Lycii
ERDE: 50 g chinesische Angelikawurzel
Die Kochzeit beträgt zwei bis drei Stunden.

GEFLÜGEL-FLEISCH-SUPPE MIT SCHWALBENNEST

zum Aufbau des Yin der Nieren

FEUER:	2 l kochendes Wasser
ERDE:	20 g chinesisches Schwalbennest
ERDE:	2 Eigelb
METALL:	1 Stück weißer Rettich (Daikon)
WASSER:	1 Eßlöffel Krabbenfleisch
HOLZ:	300 g Geflügelfleisch
	mit Knochen, ohne Fett und Haut

Diese Suppe wird zwei Stunden gekocht und kann zusammen mit gekochtem Sago gegessen werden.

LAMMFLEISCH-KRAFTBRÜHE I

bei Energie- und Yang-Mangel der Milz sowie bei Blutmangel nach Blutverlust

FEUER:	2 l kochendes Wasser
FEUER:	300 g Lammfleisch
ERDE:	3 Eßlöffel Longan (chinesische Trockenfrucht)
ERDE:	2 Teelöffel Fructus Lycii

Die Kochzeit beträgt zwei Stunden.

LAMMFLEISCH-KRAFTBRÜHE II

bei Yang-Mangel der Nieren

FEUER:	3 l kochendes Wasser
FEUER:	200 g Lammfleisch ohne Knochen
ERDE:	3 Möhren
METALL:	1 Zwiebel
METALL:	1 Stück Ingwer

Die Kochzeit beträgt vier Stunden.

RINDERKRAFTBRÜHE *I*
zum Aufbau von Qi und Blut

FEUER: 2 - 3 l kochendes Wasser

ERDE: 1 große Lotoswurzel (oder entsprechend getrocknete Lotoswurzel)

ERDE: 2 Möhren

ERDE: 1 kleine weiße Ginsengwurzel

ERDE: 2 Wurzeln (»Radix Angelicae sinensis«, chinesische Angelikawurzel)

ERDE: 300 g Rindfleisch

Diese Suppe benötigt eine Kochzeit von eineinhalb bis zwei Stunden. Bei Energie- und Blutmangel können davon drei Schalen am Tag über einen Zeitraum von 30 bis 90 Tagen getrunken werden.

RINDERKRAFTBRÜHE *II*
baut das Qi der Milz auf

FEUER: 3 l kochendes Wasser

FEUER: 1 Eßlöffel roter Ginseng

ERDE: 100 g Rindfleisch

ERDE: 1 mittelgroße Möhre

Die Kochzeit beträgt mindestens vier Stunden und maximal drei Tage. Es kann bei Energiemangel durch Qi-Mangel der Milz dreimal täglich eine kleine Schale mit gekochtem Sago gegessen werden.

KNOCHEN-SUPPE
baut das Yin der Nieren auf

FEUER: 2 l kochendes Wasser

ERDE: 5 Möhren

ERDE: 6 Rinderknochen mit Knochenmark

Die Kochzeit beträgt zwei Stunden, danach wird das Fett abgeschöpft. Die Suppe kann zusammen mit gekochter Hirse gegessen werden. Das Knochenmark schmeckt gut auf Dinkelbrot.

KNOCHEN-BRÜHE MIT MARKKLÖSSCHEN

Das Mark aus zwei bis vier Rindermarkknochen wird entfernt und zu Markklößchen verarbeitet. Die Knochen werden dann mit kaltem Wasser aufgesetzt und langsam zum Kochen gebracht. Der sich bildende Schaum wird abgeseiht - die Suppe dann mehrere Stunden beziehungsweise über Nacht geköchelt, damit die Knochen gut auskochen. Nach dem Erkalten wird das Fett abgeschöpft. Mit Shoyu würzen. Die Markklößchen (Rezept siehe unten) etwa 20 Minuten in der Brühe garen, ohne sie zu kochen.

MARKKLÖSSCHEN:

ERDE:	Mark von 2 - 4 Rinderknochen
ERDE:	Ei
METALL:	Pfeffer
METALL:	Petersilie, feingehackt
WASSER:	Shoyu
HOLZ:	Weizengrieß

Die Zutaten mit einer Gabel kneten. So viel Weizengrieß zugeben, daß sich kleine Klöße formen lassen. Sie kommen dann eine Stunde in den Kühlschrank, damit sie fest werden.

FISCHSUPPE

Tonikum für die Feuerniere

FEUER:	kochendes Wasser
ERDE:	Selleriewürfel
ERDE:	Möhrenwürfel
METALL:	Lauchscheiben vom Lauchweiß
METALL:	1 Stück Ingwer (kreuzweise eingeschnitten)
METALL:	1 Stück alte chinesische Orangenhaut (oder selbstgetrocknete Orangenhaut, ungespritzt)
WASSER:	Shoyu zum Abschmecken
WASSER:	ganze kleine gesäuberte Tintenfische
WASSER:	Stücke vom Lachs (möglichst Wildlachs)
WASSER:	Kabeljaustücke
WASSER:	Krabben
WASSER:	Shrimps
HOLZ:	Zitronensaft
HOLZ:	Zitronenscheiben zum Garnieren

Alle Zutaten in der aufgeführten Reihenfolge ins kochende Wasser geben. Wenn das Gemüse al dente ist, werden die Fischstücke wenige Minuten mitgeköchelt. Die Tintenfische benötigen etwas länger. Zuletzt werden Krabben und Shrimps hinzugegeben. Die Suppe wird mit Zitronensaft abgeschmeckt und mit Zitronenscheiben garniert serviert.

GEFÜLLTES HUHN

HOLZ:	Huhn

Das ausgenommene Huhn waschen und trocknen.
Es wird mit folgender Tunke innen und außen
eingepinselt:

METALL:	Pfeffer
WASSER:	Shoyu
HOLZ:	Weizenbier

Anschließend mit folgender Mischung füllen:

ERDE:	feingehackte, geschmorte Zwiebeln
ERDE:	geröstete und feingehackte Mandeln
ERDE:	geröstete und feingehackte Walnüsse
ERDE:	Rosinen
ERDE:	Korinthen
METALL:	Ingwer
METALL:	Knoblauch
METALL:	schwarzer Pfeffer
WASSER:	Salz
HOLZ:	saure Äpfel

Das Huhn dann mit Zahnstochern oder Zwirn
schließen. Im Backofen auf dem Grillrost über einer
Fettwanne backen. Das schmorende Huhn immer
wieder mit Weizenbier übergießen und
zwischendurch wenden.

RINDFLEISCH IN ROTWEIN

Aus folgenden Zutaten eine Marinade bereiten:

FEUER:	Rotwein
ERDE:	Honig
METALL:	Knoblauch
METALL:	Zwiebel
METALL:	Ingwer
ERDE:	Rindfleisch

in kleine Stücke schneiden, die Marinade darüber gießen und eine Stunde lang ziehen lassen.

ERDE:	Sesamöl
ERDE	
/ METALL:	mariniertes Rindfleisch
METALL:	Chinesische Gewürzmischung (5 Gewürze)
METALL:	Zwiebelwürfel
METALL:	Ingwer
WASSER:	Meersalz
HOLZ:	Zitronensaft
FEUER:	Thymian
ERDE:	gelbe, süße Äpfel, in Stücke geschnitten
ERDE:	Champignons

Sesamöl vorsichtig erhitzen und das marinierte Rindfleisch darin anbraten. Nach und nach alle anderen Zutaten hinzugeben und gut vermischen. Zugedeckt im eigenen Saft dünsten lassen. Aus der Marinade kann auch eine Soße gekocht werden.

ERDE:	Kuzu
METALL:	Marinade

Kuzu in die Marinade einrühren und unter ständigem Rühren zum köchelnden Fleischgericht geben - bis die Soße angedickt und klar ist.

Dieses Gericht tonisiert das Yin und Yang der Nieren. Es baut die Essenz der Nieren, das Yin, auf. Es wird nicht nachgewürzt.

Schwarze Sojabohnen werden über Nacht eingeweicht, das Einweichwasser weggegossen.

METALL: Sake (Reiswein)

WASSER: schwarze Sojabohnen

HOLZ: Hühnerfleisch ohne Haut und Fett

HOLZ: etwas Zitronensaft

Sake, Sojabohnen, Hühnerfleisch und ein paar Tropfen Zitronensaft in einen Topf geben - Bohnen und Fleisch sollten mit Sake bedeckt sein. Alles zum Kochen bringen und auf kleiner Flamme zugedeckt mehrere Stunden köcheln, bis die Bohnen gar sind.

4. Teil

Die Kunst des Kochens und das Essen

Meditiere kurz und stelle Dir vor, welche Energie Du in das Essen hineingeben willst. Denke Dir dazu einen kurzen Satz, eine Affirmation, zu der Du während des Kochens zurückkehren kannst, falls es Dir schwerfällt, Dich zu konzentrieren, oder wenn Streß aufkommt. Schreibe Dir Deinen Wunsch oder Deine Affirmation auf einen Zettel und lege ihn so hin, daß Du ihn während des Kochens immer wieder sehen und Dich daran erinnern kannst.

Affirmationen

Ich bin eine gute Köchin. Ich bin ein guter Koch.

Meine Speisen geben den Menschen Glück, Gesundheit und Frieden.

Meine Nahrung gibt den Menschen Energie und Kraft, ihre Träume zu verwirklichen.

Durch meine liebevolle Haltung verwandle ich Nahrung in reine und positive Energie.

Durch Kochen wird der Tag schön.

Ich koche gern.

Ich werde durch Kochen zufrieden und harmonisch.

Kochen ist Meditation.

Kochen ist eine Komposition von Lebensmitteln.

Ich habe Lust, für mich und andere zu kochen.

Kochen ist ein schöpferischer Vorgang.

Ich erlebe beim Kochen Freude und Lust.

Die Farben und Gerüche beim Kochen erwecken Freude und Wohlbehagen in mir.

Ich entspanne mich beim Kochen.

In der Transparenz des Kochens erlebe ich tiefe Harmonie. Ich freue mich auf das Essen.

Ich genieße das Essen.

Das Essen schenkt mir Energie und Wärme.

Das Essen schmeckt mir.

KOCHKUNST

»Das Wichtigste von allem ist: Koche mit Liebe. Sieh klar, was Du erreichen willst. Mit konzentrierter Sorgfalt und Geduld kannst Du diese Ziele erreichen. Denke an die Menschen, die Deine Nahrung essen werden, und denke daran, wie diese Nahrung ihnen Kraft gibt und ihnen hilft, ihr Glück zu verwirklichen.«

- Aveline Kushi

Die Kunst des Kochens ist die Kunst, mit den Elementen zu spielen, sie bewußt und kreativ einzusetzen. Die Beherrschung des Feuers und des Wassers und ihr harmonisches Zusammenspiel ist von großer Bedeutung. Sinnvolles Kochen zerstört unsere Nahrung nicht, sondern optimiert ihre energetische Qualität, macht Speisen bekömmlich und assimilierbar.

Verlasse Dich auf Deine Sinne, schmecke, höre und rieche, schaue und fühle, wenn Du Nahrung zubereitest. Deine Sinne sind Dein wertvollstes Werkzeug, Deiner Vorstellung entsprechend etwas mit Deinen Händen entstehen zu lassen. Sei ganz bei dem, was Du gerade tust, versuche nicht, die Probleme von gestern oder morgen zu lösen. Überfordere Dich nicht durch Ansprüche - koche einfach. Unterstütze die natürliche Qualität der Lebensmittel, bringe ihre ursprüngliche Energie ans Licht.

Denke an die, für die Du kochst. Nimm ihnen oder auch Dir selbst gegenüber eine positive Haltung ein. Berücksichtige die äußeren Gegebenheiten, das Wetter und die Jahreszeit. Denke an Deine eigene Konstitution und berücksichtige die Deiner Gäste - entscheide Dich für Nahrung, die gut tut. Was wir heute essen, gibt uns die Energie für morgen. Blicke in diesem Sinne in die Zukunft.

Entwickle ein klares Konzept, einen Plan von dem, was Du kochen möchtest. Du kannst dann immer wieder darauf zurückkommen. Wartezeiten während des Kochens kannst Du zum Reinigen von Geräten und Geschirr nutzen und Dich dabei entspannen. Ein aufgeräumter und sauberer Arbeitsplatz erleichtert die Konzentration.

BEISPIEL FÜR EINEN KOCHPLAN
Getreide
Hülsenfrüchte
Landgemüse
Seegemüse
Suppe
Rohkost
kleine Beigaben
Fermentiertes
Dessert
Getränk

Das Ergebnis kann folgendermaßen aussehen:

60 % bis 80 % natürliche Süße durch Getreide und Gemüse. Ergebnis: dominierende Farbe aus dem Bereich der erdfarbenen Töne (gelb, orange, bräunlich, beige). Jeweils 5 % bis 10 % sauer, bitter, scharf und salzig. Auch die Farben der Holz-, Feuer-, Metall- und Wasserenergie integrieren.

Wichtig: an Grün denken (Grün erzeugt friedliche Schwingung).

Zeichne Dir vielleicht dazu einen Teller und stelle Dir im Geiste jede einzelne Speise vor, ihre Farben und Formen. Ist das Menü ausgewogen?

DIE KÜCHE

Traditionell war sie der Mittelpunkt des Hauses, der Ort, wo durch das Feuer eine ruhige, friedvolle und wärmende Atmosphäre entstanden ist. Hier saßen alle Familienmitglieder beieinander oder wurden durch die Düfte des Kochens angelockt.

Auch heute können wir die Küche wieder zu einem Ort der Kraft machen, an dem Nahrungsenergie transformiert wird. Im

Rahmen unserer Möglichkeiten können wir die Einrichtung der Küche umgestalten, Dinge, die uns beim Kochen stören, entfernen und die, die uns hilfreich sind, integrieren. Unser Werkzeug sollte von größter Natürlichkeit sein, die Lebensmittel von bester Qualität und aus gutem Anbau mit einem großen Potential von Lebensenergie. Das Geschirr sollte uns gefallen, und die Bilder oder Farben der Möbel und Wände sollten uns inspirieren und Harmonie ausstrahlen. Jeder Künstler verwendet die besten Farben und das beste Material für sein Kunstwerk, jeder Manager sorgt für einen aufgeräumten und bequemen Schreibtisch. Warum sollte der Kochkünstler sich diese grundlegenden hilfreichen Möglichkeiten versagen?

Bist Du zufrieden mit Deiner Küche? Wenn nicht, mache jetzt einen Vertrag mit Dir selbst:

Zehn Dinge, die ich bis zum _____ verändern werde, um meine Küche zu einem Ort der Kraft zu gestalten:

1. _____

2. _____

3. _____

4. _____

5. _____

6. _____

7. _____

8. _____

9. _____

10. _____

Ort, Datum: Unterschrift:

Der Topf ist das Gerät, das die Verbindung der beiden entgegengesetzten Elemente Feuer und Wasser ermöglicht. Auch im Körperinneren sehen wir die Bedeutung der Ergänzung und des Zusammenspiels von Feuer- und Wasserniere, die zu den wichtigsten Organen gehören.

Funde von Tonscherben aus der Mittelsteinzeit bezeugen die uralte Geschichte vom Gebrauch des Topfes: Metalltöpfe stammen aus der Steinzeit. Der Topf ist eine Nachbildung von Kürbissen für die flüssige und feuchte Kochweise, während die Pfanne Nachfolgerin flacher Steinmulden der Vergangenheit ist, die sich für trockene Garmethoden eigneten.

Der ursprüngliche Drucktopf war meist ein schwerer Gußeisentopf, der mit einem Hartholzblock oder mit Gußeisenplatten, die durch Steine beschwert wurden, bedeckt war. Es wurden auch gutsitzende Tondeckel benutzt. Durch dieses Kochen mit Druck sollte nicht Zeit eingespart, also schneller gekocht werden, sondern das Kochergebnis sollte gleichmäßiger und kraftvoller sein. Der moderne Drucktopf aus Edelstahl mit Ventil kann auch heute in diesem Sinne eingesetzt werden, wenn wir darauf verzichten, im oberen Druckbereich zu kochen. Wenn wir ihn nicht als Schnellkochtopf mißbrauchen, eignet er sich für das Garen von Getreide - im unteren Druckbereich und auf kleiner Flamme. Für empfindliche Gemüse und auch für Hülsenfrüchte ist diese Garmethode in der Regel zu gewaltig.

Es sollten möglichst zwei Drittel seiner Füllkapazität genutzt werden, dies wirkt sich positiv auf den Geschmack aus. Das Ventil wird immer saubergehalten, und der Gummiring kann hin und wieder mit Speiseöl eingerieben werden. Der Druck sollte nach dem Kochvorgang von allein langsam absinken können.

GUSSEISENTÖPFE UND -PFANNEN

Sie eignen sich für langsames Garen und Schmoren im eigenen Saft bei niedrigen Temperaturen ebenso wie für schnelles Anbraten bei großer Hitze unter ständigem Rühren. Durch das schwere Material wird die Hitze gleichmäßig an die Speisen weitergegeben. Es gehen auch Spuren des Eisens in die Nahrung über. Neues Gußeisengeschirr kann folgendermaßen „imprägniert" werden, um das spätere Reinigen zu erleichtern: Zuerst mit lauwarmem Wasser auswaschen und auf dem Herd trocken, dann abkühlen und mit Sesamöl von allen Seiten bestreichen. Danach die Holzgriffe entfernen und für zwei bis drei Stunden in den heißen Backofen stellen. Dabei entsteht ein lang haltender schützender Überzug. Gußeisengeschirr verträgt keine Spülmittel. Es kann in lauwarmem Wasser eingeweicht und dann sanft gereinigt werden. Rühren mit Holzlöffeln und Holzstäbchen verhindert Kratzer. Nach jedem Spülen wird es auf dem Herd getrocknet, damit es nicht rostet.

EDELSTAHLTÖPFE

mit schweren, dicken Böden leiten die Hitze ähnlich gut weiter, brauchen aber weit weniger Pflege.

Metalltöpfe eignen sich generell weniger für zarte und empfindliche Lebensmittel wie zum Beispiel feine Blattgemüse. Sie wirken sich zerstörend auf verschiedene Vitamine und Kräuterwirkungen aus.

KUPFERTÖPFE

bestehen im Inneren aus Zinn. Sie sind sehr pflegebedürftig und eignen sich für Speisen, die schnell zubereitet werden wie zum Beispiel Soßen, da sie die Hitze enorm schnell weiterleiten.

EMAILLE

reagiert nicht auf das Kochgut und eignet sich besonders zum Kochen von Gemüsesuppen, Gemüsespeisen und Kräutertees.

GLAS

ist ein reaktionsunfähiges Kochmaterial und hat keinerlei Einflüsse auf die Lebensmittel. Es ist ein weniger guter Hitzeleiter, hält aber die Temperatur lange. Beim Kochen mit Glastöpfen muß der

Flüssigkeitsstand immer kontrolliert werden. Es scheint oft, daß genügend Wasser im Topf ist, dabei brennt das Kochgut gerade an. Glas eignet sich gut für Backformen und Teekannen. Es verhält sich vollkommen geschmacksneutral und verhindert Geschmacks- und Vitaminverluste bei Gemüse und Kräutern.

TONTÖPFE
Einige Glasuren sind bleihaltig oder toxisch - wir dürfen des- halb nur eine geprüfte Qualität zum Kochen einsetzen. Auch Ton- gefäße werden ohne Spülmittelzusatz gereinigt. Extreme Tempera- turschwankungen vertragen sie nicht. Sie kommen nicht in den vorgeheizten, sondern in den kalten Backofen. Römertöpfe werden zuvor einige Minuten ins Wasserbad gelegt. Das Tajine, ein tradi- tioneller afrikanischer Tontopf, wird sogar eine halbe Stunde ge- wässert.

TEFLON
kann sich in Spuren lösen und wird dann mitverzehrt.

ALUMINIUM
kann durch organische Säuren angegriffen werden.

HILFSMITTEL UND KÜCHENGERÄTE

GEMÜSEBÜRSTE
aus Naturborsten zum Reinigen von Land- und Meeresgemüse sowie hartem Obst.

GEMÜSEMESSER
zum Schneiden von Gemüse. Es sollte immer scharf sein und nur von einer Person benutzt werden.

GETREIDEMÜHLE
und Kornquetsche zum Herstellen von frischen Grützen, Flok- ken und Mehl.

GLASBEHÄLTER
zum Aufbewahren von Getreidekörnern, Samen, Nüssen und Hülsenfrüchten. Alle haltbaren Nahrungsmittel, auch getrocknete Meeresgemüse und Trockenfrüchte, können hier geruchsfrei und gut sichtbar aufbewahrt werden. Sie sind geschützt vor Insekten

und anderen Schädlingen. Glasbehälter verraten ihren Inhalt, dies wirkt sich auf unsere Kreativität positiv aus. Wir ersparen uns langes Suchen und Kramen im Schrank.

HITZESTREUPLATTEN

helfen, die Hitze besser zu verteilen, und sind beim Kochen auf offener Flamme zur Kontrolle des Feuers unerläßlich.

SCHNEIDEBRETT

ist im Idealfall mindestens 3 cm dick. Es verzieht sich durch die ständige Feuchtigkeit dann nicht so leicht.

MÖRSER (SURIBACHI) MIT HOLZSTÖSSEL

eignet sich zum Mahlen von Samen und Nüssen. Hat auf der Unterseite einen eingearbeiteten Schleifstein.

HOLZSTÄBCHEN UND -LÖFFEL

zum Rühren verhindern Kratzen in Töpfen und Pfannen.

PASSIERSIEB (FLOTTE LOTTE)

eignet sich zum Herstellen von Cremespeisen, Suppen und Babynahrung. Das Arbeiten damit erspart uns dröhnende Mixergeräusche, erhält den natürlichen Geschmack und macht uns unabhängig von Elektrizität.

REIBEN

aus rostfreiem Stahl oder Porzellan zum Zerkleinern von Gewürzen und so weiter.

SIEBE

zum Abtropfen von Gewaschenem oder Trennen von Gemahlenem.

PINSEL

zum Auftragen von Öl in Töpfen und Pfannen.

SCHNEIDETECHNIKEN
MIT DEN FÜNF ELEMENTEN

Durch Schneiden beeinflussen wir die Energie einer Speise auf eine sichtbare Art. Hier zeigt sich unsere persönliche Energie, die in das Essen hineinfließt und die die Ästhetik der Speise beeinflußt, ganz offensichtlich. Den einzelnen Elementen können wir bestimmte Schneidearten zuordnen. Eine energetische Qualität, die wir besonders betonen oder hervorheben möchten, läßt sich durch die Art des Schneidens verstärken. Es ist sehr schön, eine Vielfalt von Mustern und Variationen einzusetzen - sie verwöhnen unsere Augen und nähren unseren Geist.

Im folgenden bebilderten Text werden Schneidetechniken anhand eines Zyklus durch die Elemente vom Holz bis zum Wasser vorgestellt.

Sonst wurde im Buch mit dem Element Erde begonnen, da es in Bezug auf Ernährung eine zentrale Stellung hat. In erster Linie spielen bei der Ernährung der Geschmack und die thermische Wirkung eine Rolle, dann folgen Farben, Formen und Konsistenz.

Wir wissen aus Erfahrung, daß ein farbenfrohes, vielseitiges Essen sättigender ist und all unsere Sinne befriedigt. Vor allem Kinder lieben eine Vielfalt von Formen und haben ihrem Alter entsprechend Vorlieben für verschiedenste Zubereitungen. Es kann sein, daß sie Möhren nicht mögen, wohl aber Möhren, die in Blütenform geschnitten sind.

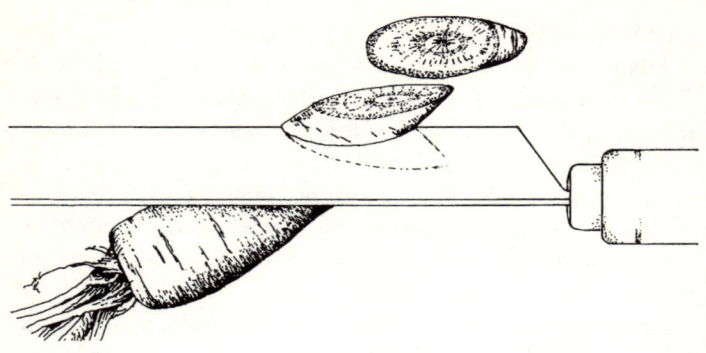

DIAGONALES SCHNEIDEN

Diagonales Schneiden eignet sich besonders für lange Wurzelgemüse wie Möhren, Pastinaken, Petersilienwurzeln und Rettiche. Hierbei entsteht ein ausgewogenes Verhältnis von Yin und Yang.

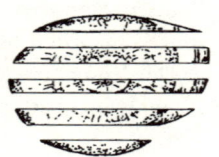

STREICHHÖLZER

Sie entstehen, wenn wir die diagonalen Scheiben in dünne Streifen schneiden.

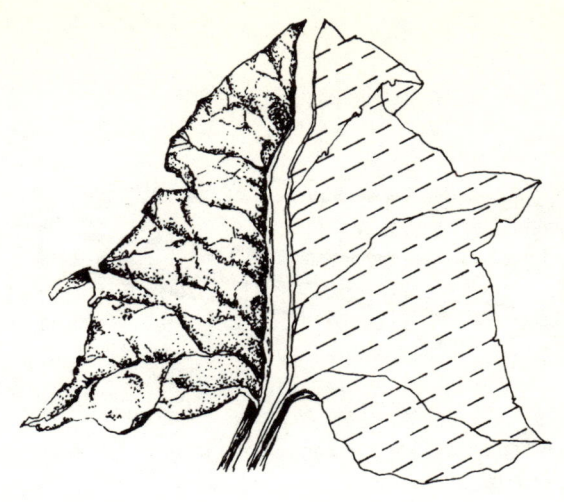

DIAGONALE LÄNGSSTREIFEN

Lange, große Blattgemüse werden zerteilt und die einzelnen Blätter in der Mitte längs halbiert. Wir legen mehrere Blätter aufeinander und schneiden dann dünne diagonale Längsstreifen.

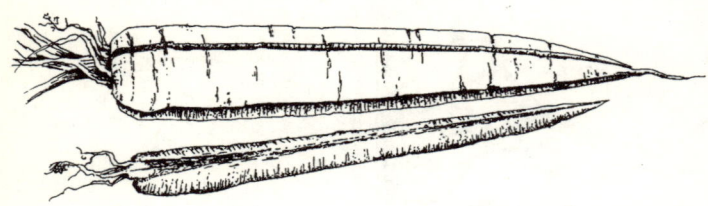

IN WACHSTUMSRICHTUNG VIERTELN

Dünne Wurzeln werden der Länge nach in ihrer Wachstumsrichtung geviertelt.

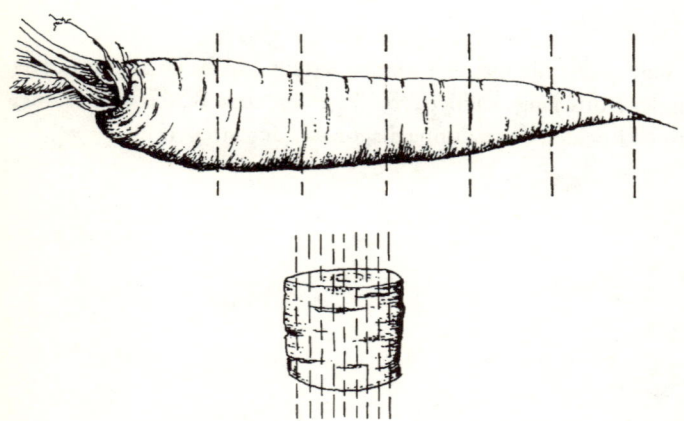

HAUCHDÜNNE SCHEIBEN

Eine Wurzel wird in 2 bis 3 cm lange Stücke zerteilt. Die Stücke werden dann aufrecht stehend in hauchdünne Scheiben geschnitten.

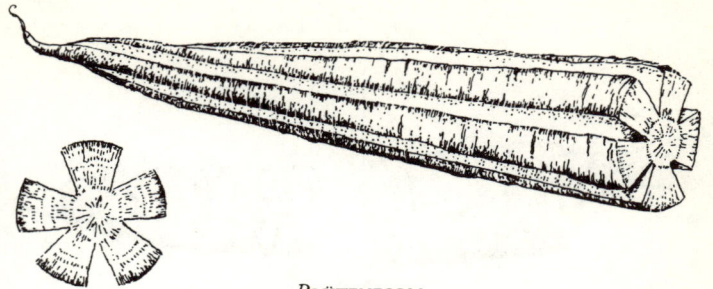

BLÜTENFORM

Aus einer Wurzel werden vier bis sechs Längskeile herausgetrennt. Dann wird sie in Scheiben geschnitten.

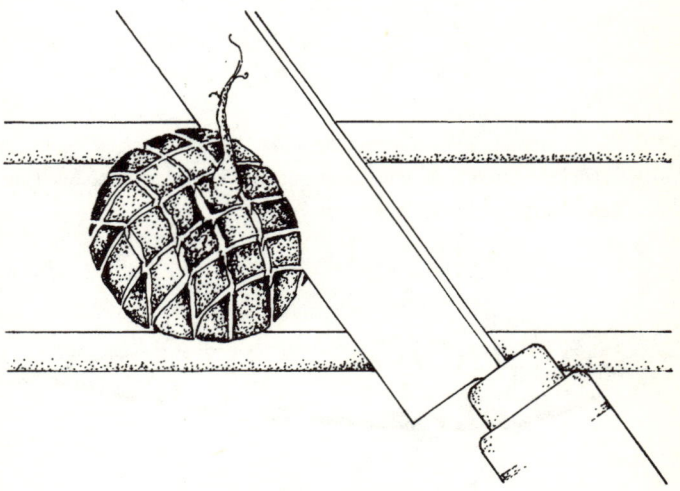

CHRYSANTHEMEN

Gemüse wie kleine Rübchen, Zwiebeln oder Radieschen werden auf ein Schneidebrett zwischen zwei Holzstäbchen gelegt. Nun wird bis zu den Stäbchen kreuzweise in zwei Richtungen geschnitten. Wenn das Gemüse anschließend kurz in Eiswasser gelegt wird, öffnet es sich zu Blüten.

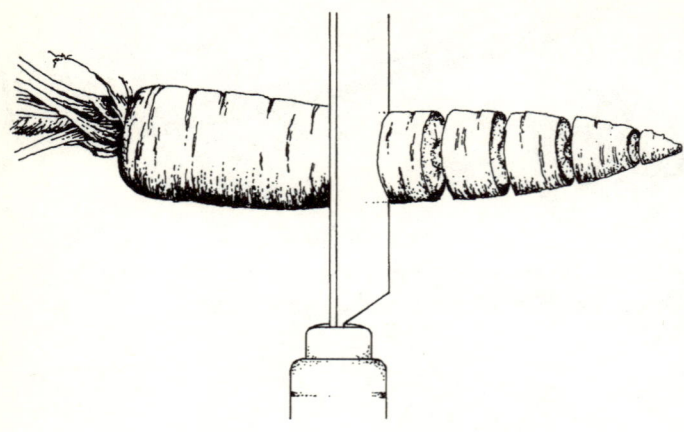

GROSSE STÜCKE

Große Stücke eignen sich besonders gut für Wurzelgemüse, weil sie dann besonders viel Süße speichern.

KEILFÖRMIGE STÜCKE

Unregelmäßige Stücke entstehen, wenn die Wurzel in unregelmäßige, keilförmige Stücke geschnitten wird. Am einfachsten geht das, wenn die Wurzel nach jedem diagonalen Schnitt um 180 Grad gedreht wird.

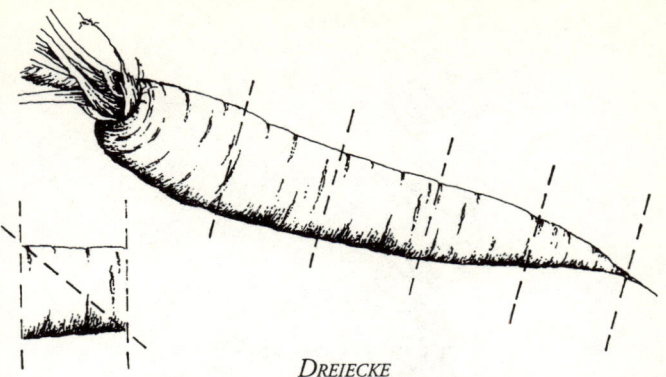

DREIECKE

Eine Wurzel wird in 3 bis 4 cm lange Stücke zerteilt. Jedes einzelne Stück wird dann diagonal halbiert. So erhalten wir Dreiecke.

METALL

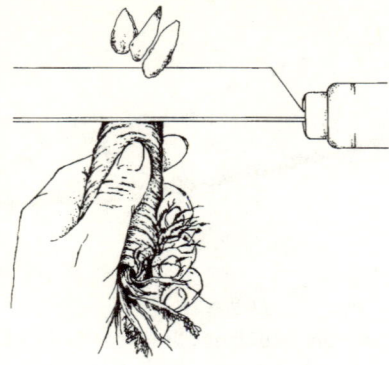

ANSPITZEN

Anspitzen heißt die Schneidetechnik für Metall. Sie eignet sich besonders für lange Wurzeln. Man nimmt sie in die Hand und schneidet unter ständigem Drehen Späne ab, genau so, als wollte man einen Bleistift mit dem Messer anspitzen.

SPIRALE

Um eine Spirale zu erhalten, schält man ein Wurzelgemüse oder eine Knolle von außen nach innen - ohne abzusetzen.

170

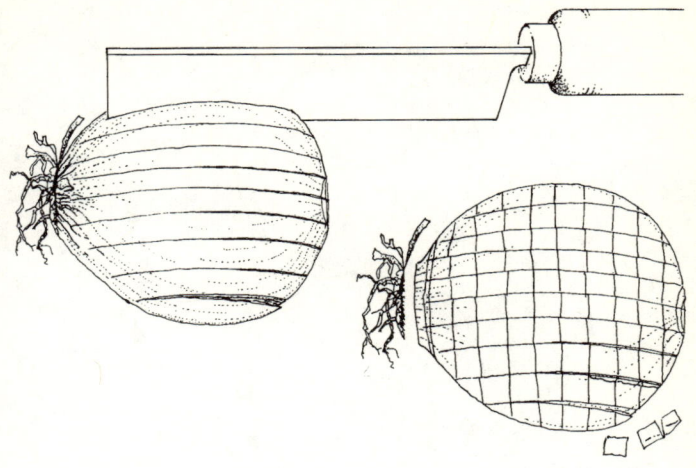

KLEINE WÜRFEL

Dies ist eine gute Art, Zwiebeln in kleine Würfel zu schneiden. Nachdem sie halbiert sind, machen wir Einschnitte bis zum Wurzelende. Die Wurzel bleibt vorerst erhalten, um während des Schneidens die Zwiebel zusammenzuhalten. Dann schneiden wir die eingeschnittenen Zwiebelhälften der Breite nach in kleine Würfel und hacken zum Schluß die Wurzel klein.

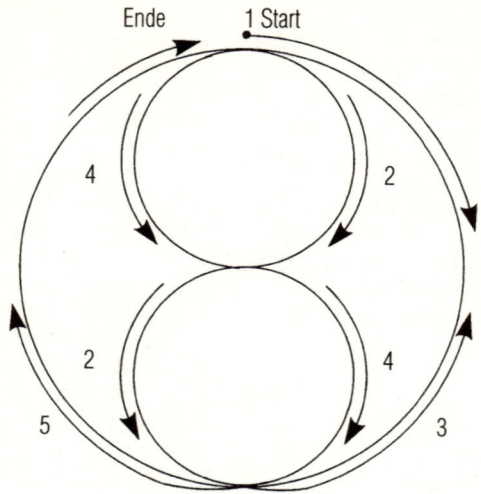

1. Rühre einen ganzen Kreis im Uhrzeigersinn.
2. Dann folgt eine halbe Acht innerhalb des Kreises.
3. Rühre nun einen halben plus einen ganzen Kreis gegen den Uhrzeigersinn, bis Du wieder am Startpunkt angekommen bist.
4. Dann rührst Du die zweite Hälfte der Acht.
5. Ein halber Kreis gegen den Uhrzeigersinn führt nun wieder zurück zum Start.

Diese Art zu rühren stammt aus der anthroposophischen Ernährungslehre. Die liegende Acht enthält eine reinigende und belebende Information. Bei dreimaligem Wiederholen wird diese Schwingung an flüssige Speisen, Getränke und Wasser weitergegeben. Eine Stimmgabel des Sonnentons mit einer Frequenz von 126,22 Hertz kann kurz angeschlagen und dann in Getränke und Speisen hineingehalten werden. Das erhöht ihre Schwingung.

»Wenn ihr eßt, dann vergeßt also eure Sorgen, euren Groll und eure schlechten Gedanken, denn sie vergiften sonst die Nahrung und machen euch krank. Verbindet euch mit den Engeln der vier Elemente und sagt: >Oh, Engel der Erde, Engel des Wassers, Engel der Luft, Engel des Feuers, laßt alle eure guten Eigenschaften auch meine sein.<«

- Omraam Mikhaeäl Aivanhov aus: Yoga der Ernährung

Schaffe eine angenehme und friedvolle Atmosphäre. Schmücke Deinen Eßplatz mit Kerzenlicht oder Blumen und schönem Geschirr.

Wenn Du magst, sprich ein Gebet oder dankende Worte. Du kannst Dir auch eine Minute der Stille schenken. Es ist schön, die Hände dabei zu falten. Indem die Innenflächen sich berühren, bringst Du die beiden Pole Deines Energiesystems Yin und Yang zusammen. Wenn mehrere Leute am Tisch versammelt sind, könnt Ihr einen Energiekreis bilden, wobei die linke Handfläche nach oben gerichtet empfängt und die rechte, nach unten gerichtete Handinnenfläche weitergibt (Faustregel: alle Daumen sind links).

Beispiel für ein Tischgebet:
»Erde, die uns dies gebracht,
Sonne, die es reif gemacht,
Liebe Sonne, liebe Erde,
Euer nie vergessen werde.«

- Christian Morgenstern

Beginne, falls Du Appetit darauf hast, mit einer warmen Suppe. Sind unsere Verdauungsorgane warm, werden sie voll funktionsfähig, und der Verdauungsvorgang wird optimal unterstützt.

Wenn wir mit einer kalten Speise beginnen, wird dem Verdauungstrakt Wärme entzogen und die Verdauung verlangsamt. Kalte Getränke zum Essen, ein kaltes Dessert oder Eiscreme zum Nachtisch wirken sich ebenfalls kühlend auf den Verdauungstrakt aus. Durch die Verlangsamung des Verdauungsprozesses entsteht dann eine Fermentierung der Speisen. Dies kann eine Ursache für Feuchtigkeit mit anschließender Verschleimung sein.

Lasse Dir Zeit.

Sei dankbar für Deine Nahrung. Verbinde Dich im Geiste mit all den Kräften, die an ihrer Entstehung beteiligt waren.

Verbinde Dich mit dem Universum, der Erde und der Natur, den Tieren und Pflanzen, mit allen Lebewesen und besonders mit denen, die das Mahl zubereitet haben. Wünsche, daß alle Menschen auf dieser Erde genügend zu essen haben.

Iß mit Freude und Genuß. Höre auf, wenn noch etwas Platz in Deinem Magen ist. Iß nicht mehr, als Dir bekommt.

VERDAUUNG

»Nicht das, was wir essen, sondern das, was wir verdauen, kommt uns zugute und gereicht uns zur Nahrung.«

- aus: Die Kunst, das menschliche Leben zu verlängern
- Christoph Wilhelm Hufeland

Um die Bedeutung des Verdauens aus der Sicht der traditionellen chinesischen Ernährungslehre zu verstehen, hilft es, sich der Funktionen des Dreifachen Erwärmers bewußt zu werden. Nähere Erklärung siehe Seite 215 im Kapitel Kinderernährung.

Die Energie, die uns am Leben hält, ist demnach ein Produkt aus Essen, Trinken und Atmen. An diesem Transformationsprozeß sind alle Organe mehr oder weniger beteiligt und bilden ein harmonisches Zusammenspiel. Um Nahrung für den menschlichen

Organismus verdaubar und assimilierbar zu machen, spielt aus der traditionellen chinesischen Sicht *Feuer* eine bedeutende Rolle. Demnach ist gekochtes (nicht zerkochtes) Essen wesentlich gehaltvoller an Energie. Rohes Essen hat zwar höhere Vitamingehalte, benötigt aber körpereigene Wärme, um verdaut werden zu können. Es kühlt das Feuer der Nieren und es kann zu einer allgemeinen Abkühlung des Organismus kommen - und langfristig zu Müdigkeit, Energiemangel und Durchblutungsstörungen führen.

Nahrungssubstanzen werden nach anthroposophischer Sichtweise nach ihrer Aufnahme in den menschlichen Ätherleib, in den Stoff, aus dem die Seele ist, verwandelt und schließlich in die menschliche Ich-Organisation eingefügt. Verdauung wird als Vergeistigung der Nahrung und Stimulierung der Persönlichkeitskräfte durch die Schöpfung neuer Substanzen angesehen.

ZUBEREITUNGSARTEN MIT DEN FÜNF ELEMENTEN		
	HOLZ	*FEUER*
SCHNEIDETECHNIKEN	Bewahren der ursprünglichen Form, „Ganzheit", grob zerkleinern, lange, diagonale Stücke	In Wachstumsrichtung schneiden, Blumen-, Stern-, Chrysanthemenform
KOCHSTILE UND ZUBEREITUNGSMETHODEN	Blanchieren, Kurzkochen ohne Deckel, Dämpfen ohne Deckel, Rohkost, Sprossen, Keimlinge, Kurzzeitfermentation, wenig Rühren	Grillen, Toasten, Flambieren, Kurzzeittempura, Frittieren, Sautieren, kurzes, starkes Anbraten, Wokkochen, Kinpira ohne Deckel, Darren in der Pfanne oder Sonne, ständiges Rühren
KONSISTENZ UND OPTISCHER EINDRUCK	knackig, lebendig, luftig, frisch, al dente	staubig, knusprig, cross, crisp
KOCHGERÄTE/TÖPFE	Holzbesteck und Holzgeschirr, Holzbrett und Löffel	keine
KOCHSTELLE	Holzfeuer, Gasflamme	Sonne
AUSTROCKNUNG DURCH	Wind	Hitze der Sonne
KONSERVIERUNG	Fermentation, Milchsäuregärung, in Essig marinieren	Räuchern
HERSTELLUNG VON ESSENZEN	Filtrat	Destillation

ZUBEREITUNGSARTEN MIT DEN FÜNF ELEMENTEN		
ERDE	*METALL*	*WASSER*
große Stücke und rundliche Formen	von außen nach innen schneiden und schälen, Spirale, Anspitzen	hacken, raspeln, pürieren, winzige Stücke
Dämpfen, Dünsten in wenig Fett oder Wasser, mit Deckel im eigenen Saft garen, Nishimékochen, Schichtkochen, langes und sanftes Braten oder Sautieren mit Deckel, kein Rühren, eventuell im Topf schwenken	Kochen im Drucktopf, Backen, Stehenlassen, Wärmekiste, in Wolldecke hüllen, Langzeitkochen, keine Bewegung oder Rühren	Kochen in viel Wasser, Suppen und Eintöpfe, Einweichen, Wässern, mit Wasser anrühren, im Wasserbad kochen und kühlen
weich, feucht, nahrhaft, cremig, saftig	trocken, krümelig, körnig, kernig	wässerig, zerlaufend, zerfließend
Porzellan, Glas, Keramik, Ton, Römertopf	Gußeisen, Edelstahl, Kupfer, Kunststoff	keine
Kohlefeuer, heiße Asche	Mikrowelle, Elektroherd, Backofen	kochendes Wasserbad
aufsaugendes Material	trockene und dunkle Lagerung	Kälte
in Öl und natürlichen Süßmitteln einlegen	Vakuum, Einkochen, in Alkohol einlegen	Salzpökeln, natürliches Einfrieren, Gefriertrocknen
Ölauszug	Alkoholauszug	Wasserauszug

5. Teil

Ernährung
mit den Jahreszeiten

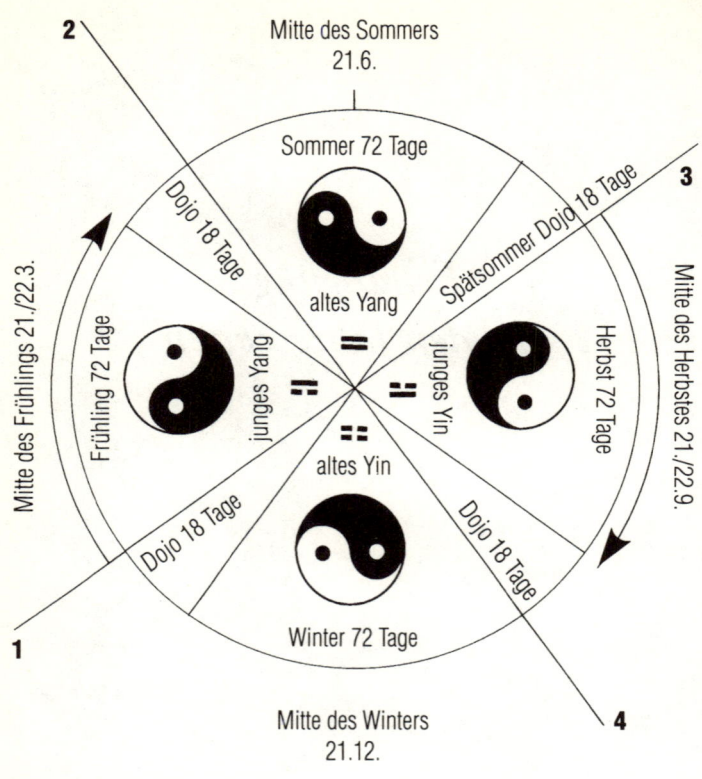

Mitte des Sommers
21.6.

Sommer 72 Tage

Dojo 18 Tage

altes Yang

Spätsommer Dojo 18 Tage

3

Mitte des Frühlings 21./22.3.

Frühling 72 Tage

junges Yang

junges Yin

Herbst 72 Tage

Mitte des Herbstes 21./22.9.

altes Yin

Dojo 18 Tage

Dojo 18 Tage

2

Winter 72 Tage

1

Mitte des Winters
21.12.

4

1 Frühjahrsanfang 13.2. aufsteigende, lebendige Energie
2 Sommeranfang 15.5. plasmatische zerstreuende Energie
3 Herbstanfang 16.8. dichte, konzentrierte Energie
4 Winteranfang 16.11. kristallisierende Energie

Der traditionelle chinesische Kalender

Dieser Kalender hilft uns, die verschiedenen Energie-Qualitäten der Jahreszeiten in ihren Wandlungsphasen zu verstehen. Er spielt auch in der tibetischen Medizin eine Rolle und findet bei der Beobachtung verschiedener Pulsqualitäten Beachtung.

Um im Einklang mit den Jahreszeiten zu leben, benutzten wir seit langer Zeit Kalender, die uns Hilfe und Erinnerung sind, die verschiedenen Jahreszeiten wahrzunehmen. In einem Jahreszyklus verändern sich die Energien ständig. Dem Winter, in dem eine ruhigere, stille Energie vorherrscht, folgt der Frühling mit emporsteigenden Kräften. Im Sommer verstärkt sich diese Ausdehnung, alles blüht und sprießt bis zu einem Höhepunkt. Von da an sammelt sich die Energie erneut im Spätsommer und konzentriert sich mehr und mehr im Herbst. Am Höhepunkt dieser Zusammenziehung kristallisiert sich die Energie im Winter. Die Lebensenergie wird nun gespeichert, um sich im Frühling aufs neue zu entfalten. Ein alter chinesischer Kalender mit 360 Jahrestagen ist ideal, um das Modell eines Vierjahreszeiten-Zyklus darzustellen. Die einzelnen Jahreszeiten - Frühling, Sommer, Herbst und Winter - nehmen jeweils einen Raum von 72 Tagen ein. Die vier Zwischen-Jahreszeiten umfassen insgesamt 4 x 18 = 72, also auch 72 Tage. So erhalten wir 5 x 72 = 360 Tage. Die Zwischen-Jahreszeiten, chinesisch Dojo genannt, repräsentieren das Erdelement, es läßt sich deutlich am Spätsommer, den wir in Europa als Altweibersommer und in Amerika als Indian Summer kennen, erkennen. Es ist eine Zeit, die nochmals von milden Abenden und sonnig-warmen Tagen geprägt ist. In diese Zeit fallen gewöhnlich viele Gartenfeste, bevor wir uns auf die kälter werdende Jahreszeit einstellen, in der wir wieder mehr im Haus bleiben. Während dieser kosmischen Übergangszeit, in der eine neue Jahreszeit mit ihrer speziellen Energie vorbereitet wird, rüstet sich auch unser Körper für Veränderungen. Beobachtungen zeigen, daß wir in diesen Dojo-Zeiten im allgemeinen anfälliger und empfindlicher sind. Es kann ein gewisser Schutz sein, sich während dieser Zeiten besonders ausgewogen zu ernähren, betont im Erd-Element zu bleiben - mit mehr Getreide und Gemüse. Diese Stabilität in der Ernährung gibt uns eine gute Grundlage für die Anpassung an die jahreszeitliche Umstellung. In diesen Zeiten ist der Körper mit sich selbst sehr beschäftigt, und es ist sinnvoll, spezielle Kuren, Behandlungen oder Diäten nicht in diese Zeiten zu legen - sofern das machbar ist.

Ein Blick auf die Pflanzenwelt im Jahreszyklus zeigt uns, daß das Frühjahr schnell sprießende und grüne Pflanzen hervorbringt. Im Sommer, wenn die Sonnen-Einstrahlung am intensivsten ist, kommen Pflanzen in bunten Farben zur Blüte. Im Herbst reifen Pflanzen, die eine längere Wachstumszeit benötigen, wie Kohlköpfe, Äpfel und Wurzelgemüse. Im Winter ziehen sich die Pflanzen zurück, entschwinden oft gänzlich unseren Augen - scheinen sich aufzulösen.

Wer im Einklang mit diesen Rhythmen lebt, ist im Winter auch eher nach innen gekehrt, sucht die Wärme des Ofens und zieht sich ins Haus zurück. Im Frühling locken uns die lauen Abende und die ersten Sonnenstrahlen ins Freie. Im Sommer spielt sich ein Teil unseres Lebens im Freien ab. Im Herbst, wenn die ersten Stürme und Regengüsse aufziehen, beginnen wir wieder damit, unsere Wohnung behaglich einzurichten.

Leben wir in der Natur ohne künstliche Lichtbeeinflussung, fällt es uns leicht, mit diesen Rhythmen mitzuschwingen. Ein Leben in der Stadt erfordert ein bewußtes Wahrnehmen dieser Naturereignisse. Sonst erleben wir vielleicht das Jahr als gleichförmige Anzahl von Tagen. Ein eigener Garten hilft uns sehr, in diesem Rhythmus zu leben, das Gemüse der Saison zu essen - während uns in der Stadt zu jeder Zeit alles angeboten wird. Hier haben wir die Qual der Wahl und müssen uns bewußt für die gewünschte Energie entscheiden. Das Leben in der Stadt ist eine Herausforderung an uns, wenn wir die natürlichen Rhythmen nicht übersehen, sondern im Einklang damit leben wollen. Unsere körperlichen Rhythmen und unsere energetische Verfassung ändern sich mit dem Lauf des Jahres, auch wenn wir es nicht wahrnehmen. Durch gezielte Auswahl und Zubereitung passen wir uns leichter an diesen Wechsel und Wandel mit seinen nicht nur körperlichen, sondern auch kosmischen Gesetzmäßigkeiten an.

Getreide, Hülsenfrüchte und Meeresgemüse können leicht gelagert und transportiert werden. Sie stehen uns deshalb zu jeder Jahreszeit zur Verfügung. Lebensmittel aus dem Erdelement in Form von Hirse oder Brot sind als Träger für alle Elemente zu jeder Jahreszeit geeignet. Mit den Jahreszeiten ändern sich jedoch die Anteile dieser Grundnahrungsmittel individuell. Gemüse und Früchte, die leichter verderblich sind, stehen nur zu bestimmten Jahreszeiten an bestimmten Orten zur Verfügung.

Eine ganzheitliche Ernährung umfaßt alle Energien, die sich in unserem Organismus durch die verschiedenen Organe, Meridiane und ihre unterschiedlichen Funktionen ausdrücken. Bei der Zusammenstellung helfen uns der Geschmack, die Farbe, die Form und die Beschaffenheit der Lebensmittel. Wir tragen unsere Werkzeuge, unsere Sinne, diese Merkmale zu erkennen, immer bei uns. Benutzen wir sie! Das Wissen um die thermische Wirkung von Nahrungsmitteln auf unseren Organismus hilft uns, Kälte- oder Hitzesymptome in unserem Körper auszugleichen.

REZEPTBEISPIELE

Die folgenden Rezeptbeispiele zu den verschiedenen Jahreszeiten zeigen, wie Speisen im fördernden Zyklus der Elemente zubereitet werden können. An jeder Stelle lassen sich beliebig Zutaten hinzufügen.

Ist das Endergebnis einmal nicht befriedigend, kann der Zyklus so lange wiederholt werden, bis der gewünschte Geschmack erreicht ist.

Bei dieser Art des Kochens und Zubereitens erübrigt sich starkes Würzen, vor allem, wenn natürlich und biologisch angebaute Produkte verwendet werden. Kräuter, Gewürze und vor allem salzhaltige Würzmittel erfüllen hier eine unterstützende Funktion, die den Eigengeschmack zum Beispiel von Gemüse oder Getreide unterstreichen sollen, anstatt zu dominieren.

Das Entfalten eines guten Geschmacks der gekochten Speisen hängt allerdings auch von der Feuerquelle ab. Holz- und Gasfeuer wirken hierbei optimal. Beim Kochen auf dem Elektroherd kann ein Geschmacksverlust durch den Einsatz eines Keramikkochfeldes, von Keramiktöpfen und Glastöpfen vermieden werden. Auch der afrikanische Tajine (Pyramiden-Tontopf), sowie der Römertöpf und der Stuplichtopf (Niedrigtemperaturtopf mit Keramikeinsatz) tragen zur optimalen Geschmacksentfaltung der Zutaten bei.

In den Rezeptbeispielen fehlen bewußt Mengenangaben und Maßeinheiten, außer dort, wo das Rezept keine Variationen zuläßt.

Diese anfangs vielleicht als Schwierigkeit empfundene Übung stärkt unser Vertrauen in die eigenen Fähigkeiten und trainiert das „Hausfrauen/-männerauge". So wird jede Speise zu einer einmaligen Kreation, die die ganz persönliche Energie des Kochs oder der Köchin trägt.

SPÄTSOMMER, ALTWEIBERSOMMER ODER INDIAN SUMMER

Diese Jahreszeiten und die Dojo-Zeiten, die Zwischen-Jahreszeiten, sind geprägt von einer sich sammelnden, beständigen und ausgeglichenen Energie. Im alten chinesischen Kalender beobachtete man während dieser Zeiten mehr Feuchtigkeit, die man seither im Zusammenhang mit dem Erdelement sieht. Hier, wo ein Wechsel von einer Jahreszeit zur nächsten stattfindet oder wo Wärme durch Kälte abgelöst wird, können wir durch ausbalancierte Mahlzeiten diesen Übergang erleichtern und mildern. Alle Getreide, besonders Hirse, das ausgewogenste unter ihnen, repräsentieren diese Energie. Die ersten Kürbisse und Wurzelgemüse, speziell sonnengereifte, süße und runde Sorten von gelber bis bräunlicher Farbe, versorgen uns im Spätsommer mit einem hohen Anteil an natürlich süßem Geschmack.

Die Qualität des Erdelements steht während des ganzen Jahreszyklus im Mittelpunkt einer ganzheitlichen Ernährung. Sie gibt uns Zentriertheit und Zufriedenheit.

Süß in Form von Lebensmitteln aus dem Erdelement ist der wichtigste Geschmack. Nach einer Mahlzeit, in der die Erdelement-Basis fehlte oder der süße Geschmack zu kurz kam, haben wir Verlangen nach Süßigkeiten, Kuchen oder noch mehr Nahrung.

Die Energien der Elemente Holz, Feuer, Metall und Wasser mit den Geschmäcken sauer, bitter, scharf und salzig haben jeweils ergänzende Funktionen und sollten in einer ausgewogenen Ernährung täglich ihren Platz haben. Während der verschiedenen Jahreszeiten können sie jedoch entsprechend dem jeweiligen Element betont werden.

Übung 19

Kreiere eine Mahlzeit, bei der der süße Geschmack im Vordergrund steht.

Frühstück:	Reisbrot
	Kürbis-Apfel-Aufstrich
	Hirsemilch
Menü:	Kürbissuppe
	Hirse mit Blumenkohl
	Kichererbsencreme
	Gemüse im eigenen Saft
	Brokkoli, gedämpft
	Aprikosenpudding
Snack:	Süßkartoffeln
	Kräuterquark

FRÜHSTÜCK:

REISBROT

WASSER:	Wasser
HOLZ:	gesäuerter Reis oder Kisiel, eine Schale
HOLZ:	500 g Weizenmehl
FEUER:	500 g Roggenmehl

Einen Brotteig herstellen und über Nacht an einem warmen Ort mit einem feuchten Tuch bedeckt stehen lassen. Am nächsten Morgen erneut kneten und daraus einen Brotlaib formen. Dann wie gewohnt backen.

KÜRBIS-APFEL-AUFSTRICH

FEUER:	Wasser, kochend
ERDE:	Rosinen
ERDE:	Kürbisstücke vom Hokkaidokürbis
ERDE:	Apfelviertel, entkernt
ERDE:	etwas Sesam- (Tahini) oder Mandelmus
METALL:	Zimtrinde, 1 kleines Stück
WASSER:	Meersalz, 1 Prise

186

FEUER: Auf kleiner Flamme zugedeckt köcheln lassen.
Dann durch ein Sieb passieren und fertig ist der
Aufstrich.

HIRSEMILCH

FEUER: 9 Tassen Wasser zum Kochen bringen

ERDE: 1 Tasse Hirse hinzugeben
Im Drucktopf zehn Minuten garen, dann den
Druck langsam absinken lassen. Anschließend die
noch heiße Hirsemilch mit

ERDE: Getreidemalz
süßen und durch ein Sieb passieren. Diese
Hirsemilch eignet sich auch für Babys und
Kleinkinder.

MENÜ:

KÜRBISSUPPE

FEUER: kochendes Wasser

ERDE: Hokkaido-Kürbisstücke
Den Kürbis garen und mit einem Holzstampfer
zerkleinern.

METALL: Feingeschnittenen Lauch
dazugeben und weitere zehn Minuten auf kleiner
Flamme garen.

METALL: Ingwer, frisch und geriebenen, hinzugeben. Mit

WASSER: Shoyu-Sojasoße abschmecken.

HIRSE MIT BLUMENKOHL

FEUER:	kochendes Wasser
ERDE:	etwas Sesamöl hineingeben
ERDE:	Blumenkohl
METALL:	Zwiebelwürfel
WASSER:	1 Prise Meersalz
HOLZ:	1 Spritzer Zitronensaft
	Alles zugedeckt leicht köcheln lassen, in der Zwischenzeit Hirse waschen und rösten.
FEUER:	Die geröstete Hirse in die kochende Brühe geben und alles 20 bis 30 Minuten zugedeckt auf kleiner Flamme (am besten mit Hitzestreuplatte) garen.

KICHERERBSENCREME

WASSER:	Kichererbsen
WASSER:	in Wasser über Nacht einweichen
WASSER:	1 Stück Kombualge hinzugeben und mit frischem Wasser 3 bis 4 Stunden garen
FEUER:	gekochte Kichererbsen
ERDE:	etwas ungesalzenes Sesammus
METALL:	feingehackte Knoblauchzehe
WASSER:	Shoyu zum Abschmecken
HOLZ:	Zitronensaft
	Alles vermischen und pürieren.

GEMÜSE IM EIGENEN SAFT

ERDE:	Möhrenstücke
ERDE:	Steckrüben
ERDE:	Rosenkohl
METALL:	Lauchringe vom Weißen des Lauchs
WASSER:	wenig Wasser
	Alles zusammen nebeneinander oder aufeinander geschichtet in einen Topf geben und langsam im eigenen Saft garen. Erst zum Servieren vermischen.

BROKKOLI, GEDÄMPFT

FEUER: Wasser zum Kochen bringen und Dämpfsieb einlegen

ERDE: Brokkoli waschen, in Rosetten zerteilen und einige Minuten im Dämpfsieb garen.

APRIKOSENPUDDING

FEUER: kochendes Wasser

ERDE: Sago

ERDE: eingeweichte Rosinen

ERDE: eingeweichte Hunza-Aprikosen, entkernt
Alles unter Rühren etwa 20 Minuten, bis sich die Sago-Perlen aufgelöst haben, garen. Portionsweise in Dessertschalen füllen.

ERDE: heiße, geröstete feingehackte Walnüsse obenauf geben.

SNACK

SÜSSKARTOFFELN

ERDE: Süßkartoffeln

METALL: In Alufolie gewickelt im Backofen etwa 45 Minuten garen.

DAZU FOLGENDEN KRÄUTERQUARK SERVIEREN:

WASSER: Shoyu

HOLZ: Quark

HOLZ: Essiggurke, feingehackt

FEUER: Oregano

ERDE: etwas Walnußöl

ERDE: geschlagene Sahne

ERDE: feingehackte Petersilie
Die Zutaten in der angegebenen Reihenfolge miteinander vermischen.

Er erscheint in einer Pracht wärmender Farben und in einem Über-fluß von Herbstgemüsen. Runde Sorten wie Kohl, Kürbisse, Zwiebeln sind typisch, aber auch Wurzelgemüse wie Möhren, Rüben und Rettich sind zeitgemäße Vertreter des Herbstes. Ihre frischen grünen Blätter, die mehr zusammengezogene Strukturen aufweisen, sind ebenfalls sehr wohlschmeckend. Viele der im Herbst geernteten Pflanzen enthalten natürliche Konservierungsstoffe, die eine Lagerung über den Winter ermöglichen. Auch die natürliche Süße dieser Sorten ist bemerkenswert. Wir haben im Herbst mehr Appetit auf kräftigere und herzhaftere Speisen wie Bohnen-Eintöpfe, länger gekochtes Gemüse, cremige Getreidespeisen, Kürbissuppe oder Kürbiskuchen. Wenn wir nun den Wurzelgemüsen besondere Aufmerksamkeit schenken und sie in größeren Stücken im eigenen Saft garen, wird ihre natürliche Süße besonders hervorgehoben, und sie sind außerdem sehr sättigend. Generell werden wir mehr Lust auf Fett verspüren, den Rohkostanteil reduzieren und kräftiger würzen. Anstelle von Rohkost können wir blanchierte Gemüsesalate und blanchierte Blattgemüse essen. Eine kleine Menge der Herbstfrüchte kann dazu dienen, die längeren Kochzeiten und schwereren Herbst-speisen zu balancieren.

Übung 20

Kreiere eine herbstliche Mahlzeit mit einer scharfen Speise.

Frühstück: Reiscreme mit Möhren

Menü: Lauchcremesuppe
               Süßreis mit Kastanien
               Möhrengemüse
               Tofu mit Sauerkraut
               Bratäpfel

Snack: Gemüse-Eintopf mit Gerste

FRÜHSTÜCK

REISCREME MIT MÖHREN

METALL:	1 Tasse Vollreis
WASSER:	5 Tassen Wasser
WASSER:	1 Prise Meersalz
FEUER:	Alles zusammen zum Kochen bringen und
ERDE:	1 Möhre pro Person hinzugeben.
	Den Reis wie gewohnt kochen, entweder über Nacht in der Wärmekiste oder am Morgen im Drucktopf oder im normalen Topf. Vor dem Verzehr eventuell etwas
ERDE:	Mandelmus, Gerstenmalz oder Reismalz hineingeben. Für kleine Kinder kann dieser Brei durch ein Passiersieb gerührt werden.

MENÜ

LAUCHCREMESUPPE

FEUER:	kochendes Wasser oder Gemüsebrühe
ERDE:	einige Tropfen Walnußöl
METALL:	fein geschnittener Lauch
METALL:	1 Stück Ingwer, kreuzweise eingeschnitten
WASSER:	Shoyu zum Abschmecken
HOLZ:	Mit einem Schuß saurer Sahne servieren.

191

SÜSSREIS MIT KASTANIEN

Getrocknete Kastanien über Nacht einweichen oder frische Kastanien im Ofen backen und dann schälen.

ERDE: Kastanien

ERDE: Süßreis

METALL: Hafer

WASSER: Wasser

WASSER: 1 Prise Meersalz

Zusammen im Drucktopf 50 bis 55 Minuten lang bei kleinster Flamme mit Hitzestreuplatte kochen.

MÖHRENGEMÜSE

Möhren in feine Längsstreifen schneiden und wenige Minuten dämpfen.

FEUER: Dämpfsieb

ERDE: Möhren

TOFU MIT SAUERKRAUT

ERDE: Sesamöl

ERDE: Tofu (evtl. geräucherter)

Sesamöl vorsichtig erhitzen und Tofu-Würfel darin fritieren. Auf Küchenkrepp abtropfen lassen.

HOLZ: Sauerkraut in einen Topf geben

FEUER: Mit dem Sauerkrautsaft zum Kochen bringen. Die Tofustücke mit

ERDE: Estragon

obendrauf legen und alles zusammen auf reduzierter Flamme zugedeckt 30 Minuten köcheln lassen.

BRATÄPFEL

ERDE: Mandelmus
ERDE: Rosinen
ERDE: Walnüsse
METALL: Zimtpulver
WASSER: 1 Prise Meersalz
HOLZ: Apfelsaft
FEUER: 1 Prise Kakao
          Mit dieser Mischung Äpfel füllen und 15 bis 20 Minuten im Backofen braten.

SNACK

GEMÜSE-EINTOPF MIT GERSTE

FEUER: kochendes Wasser
ERDE: Gerste
          waschen und mit der vierfachen Wassermenge und einer Prise Meersalz etwa 40 Minuten kochen, dann verschiedene Gemüse zugeben und noch weitere 20 Minuten garen.
ERDE: Möhre
ERDE: Kürbis
ERDE: frische oder eingeweichte Shitakepilze
ERDE: Sellerie
METALL: Lauch
METALL: Ingwer
WASSER: Shoyu zum Abschmecken

Winterzeiten mit Regen, Eis und Schnee sind die Boten der Energie des Wasserelements. In dieser kalten Periode benötigen wir wärmendes, kräftiges Essen, um unser Gleichgewicht mit der Natur aufrechtzuerhalten. Wir würzen dann mit Ingwer und erwärmenden Kräutern und essen bevorzugt erwärmende Gemüsesorten wie Zwiebeln und Lauch. Wir essen noch mehr Öl, auch in Form von gerösteten Kernen und Nüssen. Längere Kochzeiten, Braten und Backen sind die vorherrschenden und beliebtesten Kochtechniken, weil sie mehr Wärme ins Essen bringen. Auch der Aufenthalt in der Küche am Herd bereitet uns mehr Vergnügen als in warmen Jahreszeiten. Das Getreide kann hin und wieder gebraten serviert werden. Langgekochte Bohnen-Eintöpfe, Kraftsuppen oder ab und zu etwas Fleisch oder tierische Produkte schmecken jetzt besonders gut und schützen uns vor den Einflüssen der Kälte. Süßreis und Mochis, die mehr Eiweiß- und Fettgehalt haben, sowie Hafer und Hirse spenden zusätzliche Wärme. Die Integration von leichten Speisen und schnelleren Kochtechniken und die tägliche Portion grünes Blattgemüse oder Milchsaures sollte nicht fehlen. Beim Essen von Rohkost ist die abkühlende Wirkung zu bedenken.

Übung 21

Kreiere ein wärmendes Wintermenü mit betont salzigem Geschmack.

Frühstück: Kraftbrühe
                Haferbrei mit Kürbis

Menü: Zwiebelsuppe
                Reis und Wildreis mit Shitake
                Lachs mit Ingwer aus dem Ofen
                Grünkohl-Topinambur-Gemüse
                Rote-Bete-Pickles
                Trockenobstkompott mit Walnüssen

Snack: Buchweizennudeln in Brühe

FRÜHSTÜCK

KRAFTBRÜHE

FEUER: kochendes Wasser
ERDE: rote Datteln
ERDE: Möhre
ERDE: Sellerie
METALL: Lauch
METALL: Knoblauch
METALL: Zwiebel
METALL: Ingwer
WASSER: schwarze Sojabohnen
HOLZ: Huhn ohne Haut und Fett
            Die Kraftbrühe über Nacht ganz sanft köcheln
            lassen und (im Winter) ständig auf minimaler
            Flamme auf dem Herd stehen lassen.

HAFERBREI MIT KÜRBIS

FEUER: 5 Teile Wasser

FEUER: 1 Teil Hafer, in der Pfanne goldgelb gedarrt

ERDE: Hokkaidokürbis, in Stücke geschnitten

Alles zusammen etwa 20 bis 30 Minuten leicht köcheln lassen und die Hafer-Mischung dann über Nacht in eine Wärmekiste stellen oder den Topf mit einer dicken Wolldecke umhüllen. Am Morgen ist der warme Getreidebrei vollkommen aufgequollen und kann gleich gegessen werden. Schneller zubereitet ist die Haferspeise mit Haferflocken.

MENÜ

ZWIEBELSUPPE

FEUER: kochendes Wasser

ERDE: etwas Sesamöl

METALL: fein geschnittene Zwiebelringe

Die Zwiebeln eine halbe Stunde simmern lassen, bis sie sehr süß sind.

FEUER: Dann mit heißer Suppenbrühe auffüllen,

ERDE: etwas getrocknete Petersilie hinzugeben

ERDE: feine Möhrenblüten

METALL: feingeschnittenes Zwiebelgrün

WASSER: eingeweichte und feingehackte Dulse-Alge

WASSER: Shoyu oder Miso zum Abschmecken

Mit Kräutercroutons servieren.

196

KRÄUTERCROUTONS

ERDE:	Hefebrotwürfel einlegen in:
METALL:	gepreßten Knoblauch
WASSER:	Shoyu
HOLZ:	Balsamessig
FEUER:	Thymian
FEUER:	Rosmarin
FEUER:	Oregano
ERDE:	Sesamöl

Auf einem Backblech bei starker Hitze in wenigen Minuten knusprig backen, frisch und heiß auf die Suppe geben.

REIS UND WILDREIS MIT SHITAKE

METALL:	1 Teil Vollreis
METALL:	1 Teil Wildreis
WASSER:	4 Teile Wasser
WASSER:	1 Prise Meersalz

zum Kochen bringen und

ERDE:	frische Shitake-Pilze hineingeben

30 Minuten im normalen Topf kochen und in einer Wärmekiste oder Wolldecke nachquellen lassen.

LACHS MIT INGWER AUS DEM OFEN

METALL:	frischer, geriebener Ingwer
WASSER:	Lachsscheiben
WASSER:	etwas Shoyu

Die Lachsstücke mit etwas Shoyu einreiben und von beiden Seiten mit Ingwer belegen. Mehrere Stunden im Kühlschrank ziehen lassen. Dann in einer feuerfesten Form in den Backofen schieben und bei mittlerer Hitze etwa 30 Minuten garen.

GRÜNKOHL-TOPINAMBUR-GEMÜSE

FEUER:	etwas kochendes Wasser
ERDE:	1 Eßlöffel Sesamöl hinzugeben
ERDE:	Möhrenwürfel
ERDE:	Topinamburwürfel
METALL:	Zwiebelwürfel
WASSER:	etwas Shoyu zum Würzen
	Zusammen etwa zehn Minuten im eigenen Saft dünsten.
ERDE:	feingeschnittenen Grünkohl auf das köchelnde Gemüse legen und weitere fünf Minuten dünsten. Kurz vor dem Servieren vorsichtig vermischen.

ROTE-BETE-PICKLES

Tunke:

WASSER:	Wasser
WASSER:	Shoyu
HOLZ:	Essig
HOLZ:	gegorener Gemüsesaft, z. B. von Essiggürkchen
FEUER:	Rote Bete, geschält und gekocht, in Scheiben Etwa drei Tage kühlgestellt in der Tunke marinieren lassen.

TROCKENOBSTKOMPOTT MIT WALNÜSSEN

ERDE:	verschiedene Trockenfrüchte (Apfelringe, Pflaumen, Aprikosen), eingeweicht
METALL:	chinesische Zimtrinde, fein gemahlen
WASSER:	1 Prise Meersalz
HOLZ:	Apfelsaft
	Alles zusammen zum Kochen bringen. Die Trockenfrüchte auf kleinster Flamme etwa 30 Minuten köcheln.
	Vermischen - bis sich das Kuzu ganz aufgelöst hat:
METALL:	Kuzu

WASSER: Wasser
HOLZ: Apfelsaft
          Die Mischung in das heiße Obst geben und so lange
          rühren, bis die Soße hell und klar ist. Den heißen
          Nachtisch mit gerösteten und zerhackten
ERDE: Walnüssen bestreuen.

SNACK

BUCHWEIZENNUDELN IN BRÜHE
(stärken den Mittleren Erwärmer und tonisieren das
Qi der Nieren)

FEUER: kochendes Wasser
ERDE: ein Schuß Walnußöl
ERDE: Möhrenscheiben
METALL: Lauchringe
METALL: frischer geriebener Ingwer
WASSER: Shoyu
HOLZ: ein paar Tropfen Zitronensaft
FEUER: vorgekochte Buchweizennudeln
          Daraus eine Brühe kochen und direkt über die
          portionierten Buchweizennudeln in eine
          Suppenschale geben.

FRÜHLING

Er überrascht uns durch das frische Grün von Frühlingszwiebeln, Schnittlauch, Feldsalat, Wildgemüse, wilden Gräsern, Keimen und Sprossen. Speziell fermentierte Produkte wie milchsaures Gemüse, Sauerkraut, Tempeh sowie Weizen und Dinkel repräsentieren diese aufsteigende Energie. Unsere körpereigene Energie, die sich während des Winters abgekühlt hat, erwärmt sich nun wieder und steigt ebenfalls aufwärts. Unsere Ernährung können wir anpassen, indem wir mehr leicht gekochtes Gemüse, Salate, Sprossen und leichte Getreide essen. Beim Ausbalancieren der Mahlzeiten helfen uns auch leichtere Kochmethoden wie Dämpfen, ohne Deckel kochen und kürzere Kochzeiten. Der Frühling ist gekennzeichnet durch Lebendigkeit, und unsere Speisen sollten jetzt ganz besonders diese Energie repräsentieren.

Übung 22

Kreiere ein Frühlingsessen, das eine Speise mit saurem Geschmack beinhaltet.

Frühstück: Riebel
             Apfelmus mit Hagebuttenschalen

Menü: Wildkräutersuppe
             Grünkernfrikadellen
             Chinakohl-Möhren-Gemüse
             Frühlingssalat mit Sprossen
             Amasakedessert

Snack: Dinkelbrot
             Gefüllte Tomaten

FRÜHSTÜCK

RIEBEL

Riebel ist eine Frühstücksspeise der Bauern in Österreich.

WASSER: Wasser (doppelt so viel wie Getreide)

HOLZ: frisch geschrotete Weizengrütze

FEUER: Die Grütze unter Rühren zum Kochen bringen,
           auf kleiner Flamme zehn Minuten köcheln und
           etwa 30 Minuten nachquellen lassen.

ERDE: Sesamöl in eine schwere Pfanne geben,
           einpinseln und den Riebel auf kleinster Flamme
           vorsichtig braten, bis er schön knusprig ist.
           Zwischendurch immer wieder umrühren.

APFELMUS MIT HAGEBUTTENSCHALEN

Das Apfelmus wird am Vorabend hergestellt.

FEUER: kochendes Wasser

ERDE: Äpfel, geviertelt und entkernt
           mit Deckel auf kleiner Flamme garen, dann durch
           ein Sieb passieren.

HOLZ: abgekühltes Apfelmus

HOLZ: Hagebuttenschalen
           zusammen über Nacht stehen lassen.

WILDKRÄUTERSUPPE

FEUER:	Wasser im Topf zum Kochen bringen
ERDE:	einen Schuß Sesamöl hineingeben
ERDE:	Möhrenstreifen
ERDE:	frische Champignons
ERDE:	Streifen von Topinambur
METALL:	feine Zwiebelringe
METALL:	Knoblauch, feingehackt
	alles zusammen garen,
WASSER:	mit Shoyu abschmecken
HOLZ:	gedämpfte Brennesselspitzen dazugeben
	Alles zusammen noch eine Weile ziehen lassen.

GRÜNKERNFRIKADELLEN

WASSER:	Wasser (doppelte Menge des Getreides)
HOLZ:	frisch gemahlene Grünkerngrütze
FEUER:	unter ständigem Rühren zum Kochen bringen und 30 Minuten nachquellen und dann abkühlen lassen
ERDE:	Möhren, geraspelt
METALL:	Zwiebeln, feingehackt
METALL:	Zwiebelgrün oder feingehackter Lauch
WASSER:	geräucherter Tofu
	Grütze, Tofu und Gemüse zu einer Masse kneten, daraus flache Frikadellen formen und mit Sesamöl in der Pfanne braten.

CHINAKOHL-MÖHRENGEMÜSE

ERDE:	Möhrenscheiben in einen Topf legen
ERDE:	Chinakohlscheiben daneben oder darauf legen
METALL:	Scheiben von weißem, mildem Rettich (Daikon)
WASSER:	etwas Wasser, angereichert mit Shoyu, darübergießen und das Gemüse mit Deckel auf kleiner Flamme garen.

FRÜHLINGSSALAT MIT SPROSSEN

ERDE: Gurkenhalbmonde (die Kerne nach dem Halbieren
          entfernen und für das Dressing zur Seite stellen)
METALL: Zwiebelgrün in feinen Scheiben
METALL: frische Kapuzinerkresse
WASSER: Dulse-Rotalge, gewaschen, eingeweicht, feingeschnitten
HOLZ: frische Alfalfasprossen
FEUER: Radiccio, geputzt und zerkleinert
          Alles zusammen hübsch in einer Schüssel anrichten
          und das Dressing separat reichen.

DRESSING

WASSER: frische Tomate zerteilen und durch ein Sieb rühren
WASSER: etwas Wasser oder Suppenbrühe zum Verlängern
HOLZ: Essig (Umeboshi-, Reis- oder Balsamessig)
FEUER: ein Schuß Rotwein
ERDE: Walnußöl
ERDE: Gurkenkerne durch ein Sieb rühren

AMASAKEDESSERT

          Folgende Zutaten in Dessertschälchen geben:
HOLZ: Kiwi
FEUER: Pampelmuse
FEUER: Erdbeeren
ERDE: Amasake
          mit Kuzu-Apfelsoße übergießen:

KUZU-APFELSOSSE

METALL: Kuzu
WASSER: in Wasser auflösen
HOLZ: Apfelsaft dazugeben
          Alles unter Rühren zum Kochen bringen und bei
          kleiner Flamme fünf Minuten auflösen, bis die Soße
          klar wird - noch heiß über das Dessert geben.

DINKELBROT

HOLZ:	1 kg Dinkelmehl, frisch gemahlen, mittelfein
HOLZ:	1 Schale angesäuertes Getreide oder Kisiel
FEUER:	Mohn
ERDE:	Rosinen
ERDE:	Sonnenblumenkerne
METALL:	etwas gemahlener Zimt
METALL:	etwas Anis
WASSER:	Wasser
WASSER:	1 Prise Meersalz

Etwa zehn Minuten lang zu einem Teig kneten und über Nacht, mit einem feuchten Tuch bedeckt, an einem warmen Ort ruhen lassen. Am nächsten Morgen noch einmal gut durchkneten und in einer geölten Form weitere zwei Stunden gehen lassen. Den Backvorgang bei niedriger Temperatur starten, nach 15 Minuten erhöhen. Die Backzeit beträgt etwa eine Stunde. Zwischendurch mit einem Holzstäbchen prüfen, ob der Teig schon durch ist.

GEFÜLLTE TOMATEN

HOLZ:	Tomaten halbieren und aushöhlen
	Füllung:
HOLZ:	salzarmer Frischkäse
FEUER:	Oregano
ERDE:	blanchierter, feingehackter Spinat
METALL:	Pfeffer
WASSER:	Meersalz
HOLZ:	das Mark der Tomaten, durch ein Sieb gerührt

Alles miteinander vermischen und in die Tomaten füllen. Kann roh oder überbacken serviert werden.

SOMMER

Mit ausdehnender, sehr aktiver Energie bewirkt der Sommer bei vielen Pflanzen den Höhepunkt ihres Wachstums und die Blüte. Die Natur beschenkt uns zu dieser Zeit mit einer Vielfalt von frischen Gartenprodukten, frischen Gemüsen, gelbem Mais, frischen Früchten und Blüten, die diese sommerliche Energie tragen. Während dieser heißen Jahreszeit schmecken Nudeln, knackige Salate und frisches Obst besonders gut und sind willkommen, uns zu erfrischen. Kühlende Tofuspeisen, Gemüseaspik, Fruchtsalate, Melonen und Gurken kühlen uns auf sanfte Weise ab, so daß wir nicht auf eisgekühlte Getränke oder Eiscreme angewiesen sind. Mineralien, die wir durch Schwitzen verlieren, lassen sich durch erfrischende Meeresgemüse in Salaten oder als kleine Beigaben ersetzen. Das Einsparen von kräftigen und erwärmenden Gewürzen und längeren Kochzeiten bewirkt die leichtere Qualität der Sommernahrung.

Übung 23

Kreiere ein Sommermenü und integriere den bitteren Geschmack.

Frühstück:	Polenta mit Birnen
Menü:	Champignonsuppe
	Maiskolben
	Tempura mit Blumenkohl, Brokkoli und
	Seitan
	Arame-Meeresgemüse
	Yin-Yang-Rohkostplatte
	Beerenkanten mit Vanillesoße
Snack:	Nudelsalat

FRÜHSTÜCK

POLENTA MIT BIRNEN

FEUER:	kochendes Wasser
FEUER:	Polentagrieß unter ständigem Rühren hinzugeben, damit sich keine Klumpen bilden
ERDE:	etwas Mandelmus hineinrühren
	Auf kleinster Flamme (mit Hitzestreuplatte) zehn Minuten ausquellen lassen.
	Dazu werden gekochte Birnen gereicht:
FEUER:	wenig kochendes Wasser
ERDE:	Birnen, geviertelt und entkernt
	Zugedeckt etwa 10 bis 15 Minuten köcheln.

MENÜ

CHAMPIGNONSUPPE

FEUER:	etwas kochendes Wasser
ERDE:	etwas Sesamöl hineingeben
ERDE:	frische Champignons, in Scheiben, und
METALL:	feine Zwiebelringe dazugeben
WASSER:	mit Shoyu und
HOLZ:	einem Spritzer Balsamessig abschmecken

FEUER: mit kochender Suppenbrühe oder Wasser auffüllen,
und zehn Minuten auf kleiner Flamme garen.

MAISKOLBEN
FEUER: kochendes Wasser
ERDE: ganze Maiskolben ohne Blätter darin garen
(die Brühe aufheben und für Suppe verwenden)

TEMPURA AUS BLUMENKOHL, BROKKOLI UND SEITAN
Einen Tempurateig bereiten:
ERDE: wildes Pfeilwurzelmehl (Kuzu)
METALL: 1 Prise Gelbwurz
WASSER: 1 Prise Meersalz
HOLZ: Weizenmehl, 1050er
HOLZ: Weizenbier
Zu einem flüssigen Teig verarbeiten und eine halbe
Stunde ziehen lassen.
Blumenkohl und Brokkoli in mundgerechte
Rosetten und Seitan in Stücke schneiden. Sesamöl
in einem kleinen gußeisernen Topf erhitzen, die
Gemüsestücke in den Teig tauchen und im Sesamöl
fritieren, zuletzt auch den Seitan. Anschließend auf
saugfähigem Küchenpapier abtropfen lassen und im
Backofen warmhalten.
Dazu paßt ein

INGWERDIP:
METALL: frisch gepreßter Ingwersaft
WASSER: 1 Teil Shoyu
WASSER: 1 Teil Wasser

ARAME-MEERESGEMÜSE

WASSER: Arame, gewaschen und eingeweicht
WASSER: Wasser (die Menge, die beim Kochen verdampft)
WASSER: etwas Shoyu-Sojasoße
HOLZ: Essiggurke, feingeschnitten, untermischen
          Etwa 20 Minuten zugedeckt köcheln lassen.

YIN-YANG-ROHKOSTPLATTE

HOLZ: Tomate
FEUER: Rote Bete
ERDE: Champignons
ERDE: Sellerie
ERDE: Paprika
ERDE: Möhren
METALL: Kohlrabi
WASSER: gekochte Mungbohnen
          Die Wurzelgemüse raspeln, Tomaten, Paprika und
          Pilze feinschneiden. Alles dekorativ auf einer Platte
          anrichten und dazu Joghurtdressing reichen.

JOGHURT-DRESSING

ERDE: Sonnenblumenöl
METALL: Dill
WASSER: Meersalz
HOLZ: Joghurt
HOLZ: Zitronensaft

BEERENKANTEN MIT VANILLESOSSE

ERDE: Kuzu
METALL: abgeriebene Orangenschale
WASSER: Wasser
WASSER: Agar-Agar
HOLZ: Apfelsaft
          So lange rühren, bis sich das Kuzu aufgelöst hat,

dann zum Kochen bringen. Wenn der Saft nach einigen Minuten klar wird, das Ganze von der Flamme nehmen und vorsichtig die verschiedenen Beeren der Saison unterheben:

HOLZ: Johannisbeeren
FEUER: Holunderbeeren
ERDE: Himbeeren
ERDE: Erdbeeren

Das Dessert dann abkühlen und gelieren lassen.

Dazu Vanillesoße servieren:

ERDE: Sojamilch oder Kuhmilch
ERDE: Kuzu hineinrühren und alles unter Rühren zum Kochen bringen, auf kleiner Flamme eindicken lassen.
FEUER: Die kochende Soße
ERDE: mit Getreidemalz süßen und
ERDE: mit Vanille abschmecken

Abgekühlt zum Beerenkanten servieren.

SNACK

NUDELSALAT

ERDE: blanchierte Möhrenwürfel
ERDE: frische, gekochte Maiskörner
ERDE: blanchierter Chinakohl, in Streifen geschnitten
METALL: gekochte und abgekühlte Reisnudeln
WASSER: Würfel aus geräuchertem Tofu
HOLZ: Gewürzgurken, eingelegt, in Würfel geschnitten

Alles vorsichtig miteinander vermischen und *mit folgendem Dressing reichen:*

ERDE: Walnußöl
METALL: Senf
WASSER: Shoyu
WASSER: Blanchierwasser
HOLZ: Balsamessig

<u>Grundrezept für jeden Tag</u>

Nimm eine Portion Freude

Eine dicke Scheibe Lust

Ein Paket Selbstvertrauen

Einen Schuß Mut

Eine Kiste Entspannung

Und eine Handvoll Geduld.

Vermische diese Zutaten

Mit einem Haufen Intuition

Und übergieße alles

Mit viel Liebe.

Schmücke es mit einem Strauß Dankbarkeit

Und genieße jeden Bissen mit Wonne.

6. Teil

Die Ernährung unserer Kinder

Wir leben in einer Zeit, in der sich Nahrungsmittelüberschüsse in den Wegwerfgesellschaften der Industrienationen und Hungersnöte in den sogenannten Entwicklungsländern, die täglich das Leben von 10.000 Kindern auslöschen, gegenüberstehen.

Volle Teller und Kühlschränke, überquellende Einkaufswagen und mit Spielzeug überladene Kinderzimmer hierzulande hinterlassen in uns Eindrücke einer gesättigten und im Überfluß aufwachsenden Generation. Viele Kinder des westlichen Kulturkreises erleben jedoch keine glückliche und unbeschwerte Kindheit, da sie ernährungsbedingte Mangelerkrankungen, degenerative Erkrankungen und Verhaltensstörungen entwickeln. Sie können nicht ihr volles körperliches und geistiges Potential entfalten, da ihnen die Basis einer stabilen Gesundheits- und Abwehrlage fehlt.

Die Langzeitwirkungen einer toxischen Gesamtsituation durch Umweltgifte und denaturierte Nahrung haben noch nie zuvor die Anpassungsfähigkeit des menschlichen, besonders des kindlichen Organismus so überfordert wie in den letzten Jahren. Kinder essen im Verhältnis zu ihrem Körpergewicht mehr als Erwachsene und sind damit einer bis zu zehnfach höheren Schadstoffbelastung ausgesetzt. Einzelstoffbezogene und für Erwachsene festgelegte Grenzwerte der Luft, des Trinkwassers und der Lebensmittel führen dazu, daß die seelische und körperliche Belastbarkeit, besonders bei Kleinkindern, weit überschritten wird.

Das Stillen der Säuglinge und die Zubereitung vollwertiger Breimahlzeiten wurden in den letzten Jahrzehnten häufig durch den Einsatz von adaptierter Milch, Instant-Breien und Gläschenkost ersetzt. Der Zeitdruck, die mangelnde Erfahrung und Unsicherheit sind häufig die Gründe, weshalb Mütter, die berufstätig und/oder alleinerziehend sind, lieber Fertigprodukte füttern.

Kindergärten, Schulen und Internate servieren in der Regel denaturierte Fertigkost oder Tiefkühlkost, aluminiumverpackt und in der Mikrowelle erwärmt. Diese Art der Ernährung raubt dem kindlichen Organismus Energie - nur um verdaut werden zu können.

Viele Kinder verlassen das Haus ohne Frühstück. Ernährungs-Tagebücher, die von Schulkindern geführt wurden, zeigen, daß häufig Mahlzeiten ausgelassen oder durch Snacks und Süßigkeiten ersetzt werden.

Kein Wunder, daß jedes dritte Kind hierzulande unter allergischen Erkrankungen, dem hyperkinetischen Syndrom oder unter Teilleistungsstörungen leidet. Jedes zehnte Kind unter 14 Jahren schluckt Antidepressiva, Tranquilizer oder Psychopharmaka.

Aus eigener Erfahrung weiß ich, wie schwer es ist, ohne das weitergetragene Wissen von Urgroßmutter, Großmutter und Mutter, besonders bei der Säuglings- und Kleinkindernährung alles richtig zu machen.

Von meinen eigenen Kindern und auch beim Kochen für andere Kinder habe ich gelernt, wie wichtig es ist, sich jeweils auf das Kind einzustellen und mit ihm zusammen herauszufinden, was ihm guttut. Zwar gibt es für jedes Alter bestimmte Nahrungsbedürfnisse und Zeiten des Hungers, jedoch entwickelt jedes Kind seine eigene Art zu essen und zu trinken. Meiner Meinung nach ist es einfacher, für die ganze Familie so zu kochen, daß Kinder, sobald sie Interesse zeigen, alles mitessen können. Es ist sehr zeitaufwendig, für Erwachsene und Kinder verschiedene Gerichte zu kochen, und das kann außerdem psychisch als trennend empfunden werden und am Tisch Streß erzeugen.

Ich glaube, daß mir persönlich Essen und Kochen soviel Spaß macht, weil ich in diesen Bereichen in meiner Kindheit keine Begrenzungen, Einengungen oder Vorschriften erfahren habe. Vieles, was ich in der traditionellen chinesischen Ernährungslehre über Kinderernährung las und hörte, war mir aus meiner eigenen Kindheit bekannt, oder es wurde damals von den Müttern noch so gehandhabt.

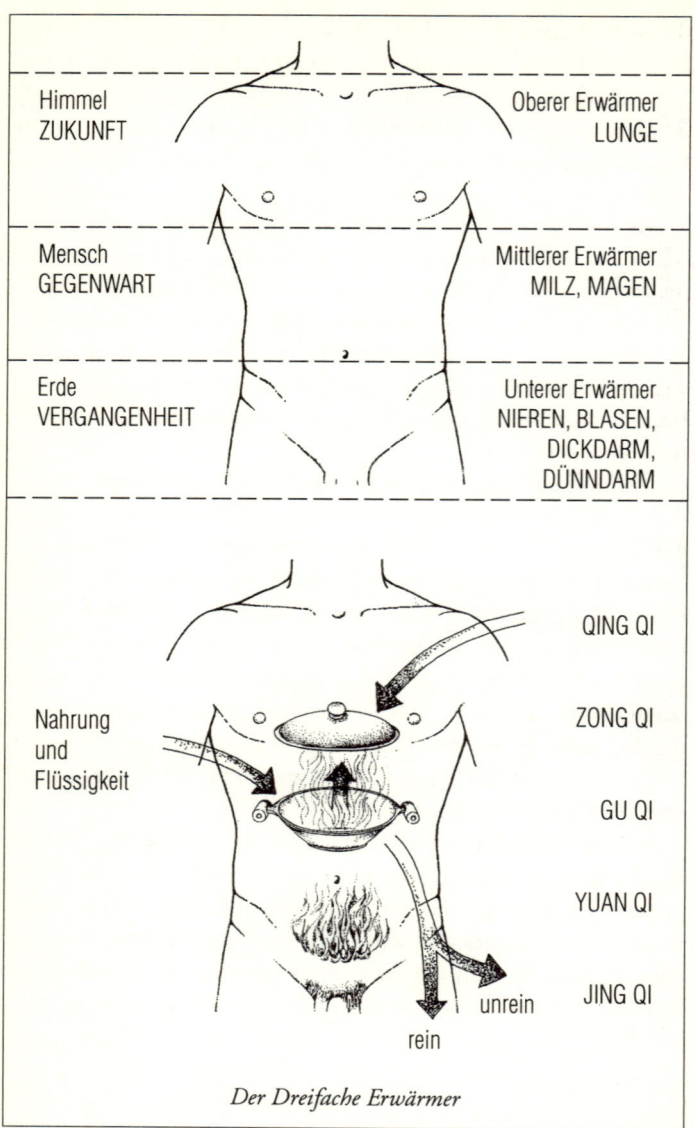

Himmel ZUKUNFT	Oberer Erwärmer LUNGE
Mensch GEGENWART	Mittlerer Erwärmer MILZ, MAGEN
Erde VERGANGENHEIT	Unterer Erwärmer NIEREN, BLASEN, DICKDARM, DÜNNDARM

QING QI

ZONG QI

GU QI

YUAN QI

JING QI

Nahrung und Flüssigkeit

rein   unrein

Der Dreifache Erwärmer

Erst nach der Geburt beginnt der Dreifache Erwärmer des Kindes seine Funktionen aufzunehmen. Nach westlichem Verständnis handelt es sich zwar um kein klassisches Organ, kann aber als ein Ort des Zusammenspiels der Organe der oberen, mittleren und unteren Körperbereiche verstanden werden. Es ist die Aufgabe des Dreifachen Erwärmers, die über Lunge und Magen aufgenommenen Energien aus Atmung, Essen und Trinken in körpereigene umzuwandeln.

Der obere Erwärmer, dem die Lunge zugeordnet ist, beginnt gleich nach der Geburt mit dem ersten Atemzug. Er steht also mit der Atmung in Verbindung. Die Lunge wird als Herrscher über das Qi angesehen und hat die Funktion, das »Zong Qi«, eine Mischung aus dem Qi der Atmung und dem Qi der Nahrung, im Körper zu bewegen. Sie führt außerdem die aufsteigende Feuchtigkeit im Körper wieder nach unten und hat eine Verbindung zum Yin der Nieren.

Diese Funktionen kommen der eines Deckels beim Kochen in einem Topf gleich. Durch den Deckel wird ein weiteres Verdampfen von Flüssigkeit verhindert, so daß die Speise nicht anbrennt.

Magen und Milz, die Organe des Mittleren Erwärmers, wirken ähnlich wie ein Topf, wo Nahrung und Flüssigkeit, »Gu Qi«, umgewandelt werden. Sie beginnen mit dem ersten Saugreflex, der ersten Nahrungsaufnahme mit ihren Funktionen. Der Magen extrahiert das Qi, die Lebenskraft, aus der Nahrung. Er ist die Quelle von Trockenheit (Yang) im Körper, und die Energie im Magenmeridian bewegt sich aufwärts. Der Qi-Anteil aus Essen und Trinken, der sich nach oben bewegt, vermischt sich mit dem Qi der Atmung, »Qing Qi«, und beide bilden das »Zong Qi«. Der substantielle Anteil aus Ernährung wird zuerst zum Dünndarm geleitet, wo eine Trennung in »Rein« und »Unrein« stattfindet. Die unreinen Anteile werden zur Ausscheidung an den Dickdarm und zur Blase geleitet. Die reinen Anteile bilden »Jing Qi«, nachgeburtliche Substanz. Die vorgeburtliche Substanz entsteht zum Zeitpunkt der Zeugung und wird durch Mutter und Vater vererbt.

Die Milz produziert innere Flüssigkeiten und Körpersäfte. Sie ist die Quelle von Feuchtigkeit (Yin), und die Energie im Milzmeridian bewegt sich abwärts.

Zum Unteren Erwärmer gehören Nieren und Blase, Dünndarm und Dickdarm. Sie beginnen ihre Funktionen mit den ersten Ausscheidungen nach der Geburt.

Der Feueranteil, das Yang der Nieren, »Yuan Qi«, kann man sich als eine Feuerquelle unter dem Topf vorstellen. Der Feueranteil ist bei der Transformation von Nahrung und Getränken notwendig und erfüllt die Aufgabe, den Körper zu erwärmen.

Lunge und Nieren stehen in besonderem Maße mit der Abwehrenergie »Wei Qi« in Verbindung. Ihre Funktionen sind, wie am Dreifachen Erwärmer deutlich wird, von dem, was gegessen und getrunken wird, abhängig. Für Kinder, deren Abwehrfähigkeiten erst aufgebaut werden, ist es deshalb besonders wichtig, daß die Organe des Dreifachen Erwärmers geschützt und durch warmes Essen und Trinken unterstützt werden.

WARME NAHRUNG FÜR KINDER

In den ersten drei Lebensjahren reagiert der Dreifache Erwärmer sehr empfindlich auf Kälte und ungeeignete Nahrung, da er noch nicht ausgereift ist. Deshalb sind vor allem bei Kleinkindern warme Speisen und Getränke so wichtig. In dieser Zeit wird die Grundkonstitution des Kindes weiter aufgebaut - die Basis für das spätere Leben.

Der Dreifache Erwärmer kann beim kleinen Kind von außen durch ein Wollhemd und von innen durch warmes Essen und warme Getränke unterstützt werden. Für die Nahrungsmittelauswahl bedeutet das, mehr im neutralen bis warmen Bereich zu bleiben. Säuglinge können statt Muttermilch eine wohlabgestimmte Mischung aus Milch, Getreide und Honig bekommen.

Im Winter ist es wichtig, mit Joghurt, Dickmilch, Südfrüchten und Säften zurückhaltend zu sein. Anämie kann ihre Ursache in einer Fehlfunktion des Mittleren Erwärmers haben, beispielsweise durch eine Abkühlung aufgrund zu vieler Vitamine. Bananen sind süß-kalt und auf keinen Fall für den täglichen Babybrei geeignet.

Für die ersten Breie eignen sich Hirse und Mais, um den Mittleren Erwärmer zu stärken. Hafer und Süßreis wärmen bei Kälte. Möhren, Süßkartoffeln und Gemüsekürbis (Hokkaido), angereichert mit ein wenig kaltgepreßtem Öl, sind Gemüse, die die meisten Kinder mögen. Auch Eigelb tut Kindern gut. Zuviel Vollkornbrei kann bei kleinen Kindern wegen des noch unausgebildeten Verdauungssystems zu Feuchtigkeitsansammlungen und Blähungen führen. In den ersten drei Lebensjahren sind Kinder in einer Schleimphase, das heißt, es kann zu vermehrter Schleimbildung kommen. Zuviel Trinken kann auch dazu führen.

Der süße Geschmack steht bei kleinen Kindern im Vordergrund. Sie haben sehr viel Qi und brauchen deshalb viele süße Nahrungsmittel, um entspannen zu können. Das Interesse an den anderen Geschmäcken entwickelt sich erst später.

Im Sommer können Kinder anstelle von Säften, die aufgrund ihrer Süße den Appetit hemmen, Quellwasser, Apfel-, Hibiskus- oder Früchtetee trinken. Bei Hautausschlägen hilft meist Pfefferminztee mit seiner abkühlenden Qualität.

KINDER LEBEN IM JETZT

Bis zur 23. Lebenswoche hat der Fötus nach traditioneller chinesischer Auffassung eine totale Erinnerung an seine vorherige Inkarnation. Über den Chong-Mei-Meridian, der Nieren, Gebärmutter und Herz der Mutter verbindet, nimmt der Fötus jegliche Energie- und Gefühlszustände der Mutter wahr. Der Dreifache Erwärmer steht mit der Wahrnehmung von Zukunft, Gegenwart und Vergangenheit in Verbindung.

Oberer Erwärmer - Zukunft

Mittlerer Erwärmer - Gegenwart

Unterer Erwärmer - Vergangenheit

Da der Dreifache Erwärmer sich in den ersten drei Lebensjahren noch in der Entwicklung befindet, verschwimmen Zukunft, Gegenwart und Vergangenheit miteinander.

Kleine Kinder erleben alles im Jetzt - im Erdelement.

Die Kindheit, der Beginn eines neuen Lebenszyklus, steht mit dem Holzelement in Verbindung, das sich durch Qi und Bewegung ausdrückt. Für Erwachsene ist es wichtig zu verstehen, daß Kinder in dieser Zeit Raum benötigen, damit das Qi fließen und in Bewegung umgesetzt werden kann.

Der Körper hat sich bei Mädchen etwa mit 14 und bei Jungen mit 16 Jahren entwickelt, und die Kräfte gehen dann stärker in die Persönlichkeitsentfaltung. In der Zeit bis etwa zur Pubertät ist eine gute Ernährungsqualität sehr wichtig, da es immer noch um den Aufbau und das Wachstum des Körpers geht. Beim Beginn von Menstruation und Zeugungsfähigkeit wird die Nierenenergie stärker und nicht mehr ausschließlich zur Formgebung des Körpers benötigt.

KRANKHEITEN

Es wurde beobachtet, daß Kinder stärker anfällig für Erkältungen sind, wenn die Schwangerschaft über den Sommer ging und die Mutter mehr Vitamine gegessen hatte. Eine Schwangerschaft im Winter, in der die Mutter mehr Eiweiß gegessen hatte, schien mehr Kinderkrankheiten zu verursachen. Kinderkrankheiten mit Fieber sind nach traditioneller chinesischer Auffassung wichtig, um toxische Hitze (Yang), die sich während der Schwangerschaft und Stillzeit gebildet hat, auszuscheiden. Neurodermitis ist auch eine Form der Hitzeausscheidung, deren Ursache Medikamente, Schockerlebnisse und Streß in der Schwangerschaft oder während der Geburt sein können.

Impfungen können Kinderkrankheiten unterdrücken oder verhindern, wodurch die toxische Hitze den Körper nicht verlassen kann. Dies kann nach traditioneller chinesischer Vorstellung zu Wachstumsstörungen oder zu Epilepsie führen. In den ersten drei Lebensjahren bedeutet Impfen einen Eingriff in ein Immunsystem, das sich gerade erst entwickelt. Vor allem Mehrfachimpfungen konfrontieren den kindlichen Organismus mit mehreren Impfstoffen zur gleichen Zeit. Je jünger ein Kind ist, um so weniger kann es durch Sprache verständlich mitteilen, wie es ihm nach einer Impfung ergeht. In der Öffentlichkeit werden zur Zeit fast ausschließlich positive Impfwirkungen publiziert, während Impffolgen und Impfschäden unterdrückt werden oder sich aufgrund der mangelnden Mitteilungsfähigkeit von Säuglingen und Babys nicht zuordnen lassen. Für alle Eltern erscheint es mir wichtig, sich so gut wie möglich, sowohl bei Impfgegnern als auch bei Impfbefürwortern, zu informieren, um dann eine bewußte und individuelle Entscheidung zu treffen.

Kinder erkranken nicht aufgrund eigener negativer Emotionen, sondern wenn sich äußere Reize ständig wiederholen.

Ist ein Kind krank, sollte es kein Fleisch, keinen Honig und keine Einfachzucker erhalten.

Erkältungen können vermieden werden, wenn Kinder von innen durch erwärmende Speisen und Getränke genügend Wärme erhalten. Dazu eignen sich Haferspeisen, Lebkuchen, leicht scharfe Gewürze, Yogi-Tee und gewürzter Kakao.

KAKAO

FEUER:	kochende Milch
FEUER:	Kakao
ERDE:	Honig oder Ursüße (getrockneter Zuckerrohrsaft)
METALL:	etwas Nelke
METALL:	wenig Ingwer (frisch gepreßter Saft)
METALL:	Zimtzweige

Zur sanften Fiebersenkung eignen sich Weizentee (siehe Getränke, Seite 122 »Gerstentee«) sowie Weizen- oder Dinkelsuppe. Seitan (Weizengluten), Joghurt, Dickmilch und Brottrunk sind ebenfalls erfrischende Nahrungsmittel, die bei Fieber geeignet sind.

Weizenkleie wirkt abkühlend. Sie kann bei Windpocken und fiebrigen Kinderkrankheiten in das Kopfkissen des Kindes gefüllt werden. Kalte Chlorophyllpflaster (dazu Blätter von grünem Gemüse wie Chinakohl oder Kohlrabi fein hacken und mit Weizenmehl und Wasser zu einem Teig vermengen) in ein Taschentuch gehüllt auf der Stirn oder Wadenwickel mit Weizenkleie sind natürliche Methoden der Fiebersenkung, ebenfalls Stirnpflaster mit Tofu. Dazu wird eine Scheibe Tofu in ein Mull- oder Taschentuch gewickelt und einige Minuten (solange das Kind es als angenehm empfindet) auf die Stirn gelegt.

Hausgemachter Hustensirup für Kinder:

- Bei Bronchitis mit Schleim und Hitze hilft ein Sirup aus weißem Rettich und Ursüße.
- Bei Kälte in der Lunge eignet sich ein Sirup aus Zwiebeln und Ursüße.
- Bei Husten ohne weitere Kälte- oder Hitzesymptome wirkt Sirup aus 50 % Zwiebeln und 50 % weißem Rettich mit Ursüße schleimlösend.
- Trockener Husten kann durch Möhrensaft mit Gerstenmalz oder mit Marzipan gelindert werden.
- Zur Linderung bei Keuchhusten kann die folgende Flüssigkeit 30 Tage lang getrunken werden:

HUSTENSIRUP

FEUER:	3 Schalen kochendes Wasser
ERDE:	1 Handvoll chinesische rote Datteln
ERDE:	150 g Möhren
	Ein Milchreis mit Mandeln und Honig ist ebenfalls bei Keuchhusten geeignet.

APPETITMANGEL

Wenn Kinder unter Appetitlosigkeit oder -mangel leiden, hilft es oft, das Qi der Milz anzuregen. Wenn sie Spaghetti-Bolognese mögen, ist dies eine geeignete Speise sowie ein Püree aus Kartoffeln oder Süßkartoffeln mit einer Rinderhacksoße, die mit einem Schuß Rotwein und erwärmenden Gewürzen zubereitet wird.

AUFLAUF
(tonisiert das Qi der Milz)

ERDE:	mageres Rindergehacktes (Tatar)
ERDE:	hauchdünne Kartoffelscheiben oder Süßkartoffelscheiben
ERDE:	Eigelb
ERDE:	Käse
	Schichte die Zutaten in eine feuerfeste Form und gare sie im Backofen.

PUDDING
(tonisiert das Qi der Milz)

HOLZ:	Kirschsaft
FEUER:	bringe den Kirschsaft zum Kochen und gib
ERDE:	Aprikosen hinein.
ERDE:	Kuzu mit etwas
METALL:	Zimtrinde in
WASSER:	Wasser und
HOLZ:	Kirschsaft auflösen und damit den Pudding andicken.
ERDE:	Walnüsse sanft rösten, fein hacken und über den Pudding streuen.

LEBKUCHEN

(bei geschwächter Milz kann Kindern täglich
hausgemachter Lebkuchen gegeben werden)

ERDE: 200 g Butter im Wasserbad schmelzen

ERDE: 375 g Honig

ERDE: 2 ganze Eier

ERDE: 1/8 l Milch

METALL: 1/2 Teelöffel geriebene Zimtrinde oder
1 Teelöffel Zimtpulver

METALL: 1/2 Teelöffel gemahlene Nelken

METALL: 1/4 Teelöffel gemahlenen Kardamom dazugeben

METALL: 1/4 Teelöffel geriebene Muskatnuß

METALL: 1 Päckchen Weinsteinbackpulver

WASSER: 1 Prise Meersalz

HOLZ: 500 g Dinkel oder Weizenmehl (1050er)

FEUER: abgeriebene Schale einer Orange

FEUER: 1 Eßlöffel Kakao

ERDE: 100 g gehackte Walnüsse

ERDE: 100 g Zitronat

ERDE: 100 g Korinthen

Alle Zutaten zu einem glatten Teig verrühren, dann
auf ein gefettetes Backblech streichen. Bei mittlerer
Hitze 25 bis 30 Minuten backen. Der Lebkuchen
sollte nach dem Backen noch weich sein und warm
in Quadrate geschnitten werden (die auch für ein
Lebkuchenhaus geeignet sind).

Liegt die Ursache in einer Schwäche der Milz, kann ein Kondiment hergestellt werden, das zu den Mahlzeiten (etwa zweimal täglich 20 g) gegeben wird.

ERDE:	35 g Sago
ERDE:	10 g rote Datteln
	Beides wird im Backofen getrocknet und zu Pulver zerstampft.

Bei Durchfall kann auch der weiße Reis, der sich unten im Topf absetzt, gegessen werden.

HOLZ:	Lotosnüsse über Nacht einweichen
ERDE:	Rohrzucker
METALL:	weißer Reis
WASSER:	Wasser, zwei- bis dreifache Menge
	Koche alles zusammen etwa 40 Minuten.

BLÄHUNGEN

Bei Blähungen kann die Mitte aufgebaut und geschützt werden. Dazu eignen sich erwärmende Gemüsesorten wie Hokkaido-Kürbis, Möhren und Süßkartoffeln sowie Honig zum Süßen.

Bei allen Verdauungsproblemen ist es sinnvoll, täglich Kuzu zum Andicken von Soßen oder Puddings zu verwenden. Kuzu ist wildes Pfeilwurzelmehl. Es harmonisiert den Darmtrakt, beseitigt Infektionen und hilft bei bioklimatischen Einflüssen, zum Beispiel bei Nackenverspannungen durch Windzüge.

Für geschwächte Kinder eignen sich Milchbreie mit
1/3 Haferflocken
1/3 Weizenflocken
1/3 Gerstenflocken

Die Ursache kann Feuchtigkeit im Dickdarm sein. Bei Kindern, die vegetarisch oder makrobiotisch ernährt werden, klagen die Mütter häufig über Würmer oder Parasiten.

Während einer erwärmenden Ernährungstherapie ist es wichtig, Honig, Nußmuse, Tahin und die Kombination von Brot, Fett und Süß zu vermeiden, da dies die Würmer ernährt. Butterbrote mit Nußmusen, Butter und Käse oder/und Marmelade sind häufig die Lieblingsspeise von Menschen, die unter Wurmbefall leiden.

Guter Schlaf

Wenn Kinder nicht gut schlafen, kann dies verschiedene Ursachen haben. Je kleiner Kinder sind, desto schwieriger ist es, den Grund für Schlafstörungen herauszufinden. Falls Kinder versuchen, während des Schlafes ihren Platz durch Wegrollen, Herumwälzen und Umherkullern zu verlassen, kann dies ein Zeichen für einen ungünstigen Schlafplatz mit geopathischer Belastung sein. Störzonen, die sich aus Kreuzungspunkten von Wasseradern und Globalgitternetzen ergeben, wirken sich auf den kindlichen Organismus stärker aus als beim Erwachsenen. Schlechter Schlaf, mangelnde Regeneration und eine permanente Irritation der Zellvorgänge während der Nacht können die verschiedensten Probleme hervorrufen.

Guter Schlaf und gesunde Ernährung sind ein elementares Bedürfnis, besonders in der Wachstumsphase, da sie die Grundlage für das ganze spätere Leben beeinflussen.

Für eine günstige Schlafplatzsituation (nach *Feng Shui* und *Radiästhesie*) gibt die Autorin gerne weitere Informationen (siehe Anhang: Adressen).

An folgenden Merkmalen läßt sich erkennen, ob Kinder gesund sind:

- Sie wachsen gut in bezug auf Körpergröße und Gewicht.
- Ihr Wärmesystem funktioniert gut, sie haben warme Hände und Füße.
- Ihr Appetit ist gut.
- Sie sind aktiv und lebensfroh.
- Ihr Stuhl ist gut verdaut.
- Sie schlafen gut.

Die folgenden Anzeichen können eventuell Ursachen einer Fehlernährung sein:

- Wachstumshemmung
- zu spätes Stehen und Laufen
- ungenügende Muskelausbildung
- nicht genügend Fettgewebe (das Kind sieht zu dünn aus)
- sehr spätes Zahnen
- geschwollener Bauch
- gewohnheitsmäßig zuviel essen
- ein alt aussehendes Gesicht, eingefallene Schläfen
- mangelnde Vitalität
- starke Gelüste nach Süßigkeiten, Öl, Fett oder Nüssen
- krumme Beine

NATÜRLICHE CALCIUM- UND VITAMINQUELLEN

Um einem Mangel an Calcium, Vitamin B_{12}, B_2 oder D (Rachitisprophylaxe) vorzubeugen, ist es besonders bei vegetarisch und ohne Kuhmilch ernährten Kindern wichtig, auf eine vielseitige Ernährung zu achten. Folgende Nahrungsmittel sind natürliche Quellen für die obengenannten Vitamine und Calcium:

- leicht geröstete Sonnenblumenkerne, Kürbiskerne, Sesam- oder Leinsaat
- Tahin (Sesammus) ohne Salz, Mandeln, Walnüsse
- mit Öl kochen, fritieren und braten

- Tofu und Tempeh
- fetter oder halbfetter Fisch
- Haferbrei aus Körnern oder Flocken
- Maisspeisen, Polentabrei
- Gerstenmalz, Reismalz, Amasake zum Süßen
- Grünkohl, Wasserkresse, Brokkoli, Weißkohl, Mangold, Karotten, Rettichblätter, Petersilie
- Sprossen, Weizenkeime
- Meeresgemüse

Täglich frische Luft, auch bei bedecktem Himmel, Regen und Schnee ist wegen der UV-Strahlung der Sonne wichtig. Der menschliche Organismus bildet mit Hilfe der über die Haut aufgenommenen UV-Strahlung sein eigenes Vitamin D. Dies gilt besonders für Säuglinge und Babys, die noch kein Vitamin D gespeichert haben.

STILLEN

Trotz hohem Schadstoffgehalt der Muttermilch, der ein zuverlässiger Indikator für die Gesamtbelastung der Bevölkerung ist, entschließen sich immer mehr Frauen wieder zum Stillen. Muttermilch ist den Bedürfnissen des Säuglings optimal angepaßt und die beste Ernährung, bis sich das Geburtsgewicht beim Baby verdoppelt bis verdreifacht hat und es pflanzliche Nahrung essen kann. Diese Zeit beginnt mit dem Zahnen, jetzt kann festere Nahrung angeboten werden. Ein allmählicher Übergang, wobei sich ein Kind selbst abstillt, um sich ein Stück weiter hinein in seine Selbständigkeit zu begeben, ist empfehlenswert. Ein Ersatz für Muttermilch sollte sorgfältig ausgewählt und den individuellen Bedürfnissen des Kindes angepaßt werden. Über eine Sättigung und die Versorgung mit allen Nährstoffen hinaus ist Stillen für einen Säugling eine sinnliche Erfahrung, die vielleicht spätere Essensweisen und Ernährungsmuster beeinflußt. Verschiedene Ernährungssysteme mit einem ganzheitlichen Konzept empfehlen, wenn möglich, bis zum vierten Lebensmonat voll zu stillen. In den ersten sechs Wochen etwa bildet sich bei Neugeborenen ein regelmäßiger Stillrhythmus. Bis dahin ist es wichtig, sie zu stillen, wann immer sie mögen. Zuwenig Milch der Mutter ist selten ein Grund zum Abstillen oder Zufüttern. Wenn ja, ist es wichtig, daß die Mutter kräftigende Nahrung ißt sowie Produkte, die die Milchproduktion fördern. Viele Frauen bekommen gerade in der Stillzeit Appetit auf Fleisch, und es ist wichtig, dieses Bedürfnis zu befriedigen, wenn nicht durch Fleischspeisen, dann durch Kraftbrühe mit Huhn (siehe Seite 145). Speisen aus Süßreis, rotem Süßreis und Mochi, Erdnüsse, Kraftsuppen, viel Ruhe und eventuell die Reduzierung von Salz erleichtern die sicherlich schöne, aber auch kräftezehrende Zeit des Stillens. Milchbildungstee enthält Kräuter mit warmer und heißer Wirkung. Er kann zu Mastitis und Milchstau führen. Bei Mastitis (Milchdrüsenentzündung) helfen Umschläge mit Tofu, Quark oder Weizenmehl sowie Chlorophyllpflaster mit Petersilienblättern. Bei Fieber können kalte Chlorophyllpflaster auf der Stirn und Wadenwickel angewendet werden. Weizensuppe und Petersilienblättertee erfrischen innerlich, und alle erhitzenden und erwärmenden Nahrungsmittel sowie Honig sollten eine Zeitlang vermieden werden.

Falls ein Kind unter sechs Monaten abgestillt wird, kann eine Stillmutter gesucht oder adaptierte Milch gegeben werden. Sojamilch eignet sich nicht für Säuglinge, sie wirkt kühlend. Getreidemilch ist zu schwer verdaulich und eignet sich erst nach etwa vier bis sechs Lebensmonaten. Für ältere Säuglinge kann eine Mischung aus Milch, Getreide und Honig hergestellt werden.

Beispiele für hausgemachte Säuglings- und Babynahrung
(etwa ab dem vierten bis sechsten Lebensmonat)
Das Zubereiten von Babynahrung kann durch Auswahl der Nahrungs- und Süßmittel nach der thermischen Wirkung den Bedürfnissen des Kindes optimal angepaßt werden. Wird keine Kuhmilch verwendet, muß etwas kaltgepreßtes Öl zu den Breien gegeben werden. Für eine Flasche von 200 bis 240 ml ist das ungefähr ein halber Teelöffel.

Zum Süßen der Breie eignen sich natürliche Süßmittel wie Gerstenmalz, Reismalz, Honig oder Amasake, wobei Honig den Mittleren Erwärmer am besten stärkt. Für 200 bis 240 ml Milch oder Brei können etwa 1 Teelöffel Malz, 1/3 Teelöffel Honig oder 1 Eßlöffel Amasake verwendet werden.

Ein sämiger Brei, aus Möhren und Äpfeln zusammen gekocht, eignet sich auch zum Süßen von Breimahlzeiten für ältere Babys.

HAFERMILCH
Hafer mit Wasser 1 : 7 einweichen und 1 1/2 Stunden im Drucktopf kochen. Nur die Hafermilch verwenden und süßen.

GETREIDESCHLEIM
Getreide, zum Beispiel Reis, Süßreis, Hirse, Gerste und/oder Hafer, mit der fünf- bis zehnfachen Menge Wasser kochen. Ein dickerer Schleim setzt sich nach dem Kochen und Erkalten oberhalb des Getreides ab und kann leicht abgeschöpft werden. Er wird gesüßt, so daß er die Süße von Muttermilch hat.

GETREIDEMILCH
4 Teile brauner Reis
3 Teile Süßreis
1 Teil Gerste, Hafer oder Hirse, davon 5 % bis 10 % Sesam
(gewaschen, behutsam geröstet und fein zerrieben)
1 kleines Stück Kombualge
Weiche das Getreide mit Kombu über Nacht ein und koche es mit der fünffachen Menge Wasser 1 1/2 Stunden im Drucktopf.

Du kannst es auch mit der zehnfachen Menge Wasser und Kombu einweichen und im normalen Topf solange kochen, bis die Flüssigkeit auf die Hälfte reduziert ist. Für junge Säuglinge wird nur die abgesetzte Milch benutzt, für ältere Säuglinge und Babys wird das Getreide durch ein Sieb oder eine Flotte Lotte gerührt. Wenn Babys länger an Getreidenahrung gewöhnt sind, reicht es, die Getreidemischung zu zerstampfen. Getreidemilch kann mit Honig,

Gerstenmalz, Reismalz oder Amasake gesüßt werden. Gerstenmalz verflüssigt und eignet sich besser für Flaschennahrung. Reismalz eignet sich auch für Breizubereitungen und das Füttern mit dem Löffel. Getreidemilch kann für zwei Tage hergestellt und bei Bedarf verdünnt und erhitzt werden. Je nach Alter, Bedürfnis und Vorliebe kann Getreidemilch mit Mandelmilch, Sojamilch oder Kuhmilch gemischt werden. Da Sojamilch eine erfrischende Wirkung hat, eignet sie sich nur für heiße Tage.

KOKKOH

60 % brauner Reis

30 % Süßreis

5 % Adukibohnen

5 % Sesam

5 cm Kombu

Bohnen einweichen und zusammen mit dem Getreide, der Alge und der zwei- bis dreifachen Menge Wasser kochen, und zwar solange, bis alles Wasser aufgesogen ist. Passiere das Getreide nun durch ein Sieb. Wasche, röste und zerdrücke Sesam fein und gib ihn zum Brei. Kokkoh kann mit Reismalz, Honig oder süßem Gemüse gefüttert werden.

REISCREME

1 Teil brauner Reis und 3 Teile Wasser zusammen eine Stunde im Drucktopf kochen. Rühre den Reis durch ein Sieb oder eine Flotte Lotte und süße ihn nach Belieben.

GEMÜSESAFT

Möhren, Kürbis, Kohl, Brokkoli und Mais mit Wasser und eventuell einem kleinen Stück Kombu zum Kochen bringen und auf kleiner Flamme 30 bis 45 Minuten köcheln. Den Saft warm zu trinken geben.

HIRSEMILCH

FEUER: 9 Tassen Wasser zum Kochen bringen

ERDE: 1 Tasse Hirse hinzugeben
Im Drucktopf zehn Minuten garen und den Druck
langsam sinken lassen.

ERDE: Die heiße Hirsemilch mit Getreidemalz süßen und
durch ein Sieb passieren.

BABYMENÜ

1/2 Liter Wasser zum Kochen bringen. Gib Vollkornnudeln,
Gemüsestücke von Möhren, Süßkartoffeln, Kürbis, Blumenkohl,
Brokkoli und so weiter sowie Tofuwürfel hinein. Köchele alles zusammen auf kleiner Flamme mit Deckel etwa 20 Minuten. Die
Brühe kannst Du als warmes Getränk geben und Nudeln, Tofu und
Gemüse, mit geröstetem, gemahlenem Sesam *ERDE:* bestreut, füttern.

ROHKOSTGEMÜSE

FEUER: geriebene Rote Bete

ERDE: geriebener süßer Apfel

ERDE: geriebene Möhre

ERDE: ein paar Tropfen kaltgepreßtes Walnußöl

BEISPIEL FÜR EINEN ZUFÜTTERUNGSPLAN

4. BIS 5. MONAT

Mit fester Nahrung zum Frühstück oder Abendessen beginnen.
Dies kann ein gesüßter Getreidebrei sein oder Getreidebrei mit
Gemüse. Nachher kann wie üblich gestillt werden.

6. BIS 7. MONAT

Morgens und abends feste Nahrung mit mehr Gemüse, danach
wie gewohnt stillen.

8. MONAT

Morgens, mittags und abends feste Nahrung. Eventuell eine Obstmahlzeit am Nachmittag einführen. Nach den Mahlzeiten kann das Kind gestillt werden, wenn es möchte. Yin-Babys (größere Kinder) mögen häufig mehr feste Nahrung, Yang-Babys (kleinere Kinder) brauchen häufig eine innigere Verbindung zur Mutter und wollen lange gestillt werden.

Es gibt keine Regel, wann ein Kind abgestillt werden sollte, es ist in unserem westlichen Kulturkreis jedoch so, daß Abstillen, wenn die ersten Backenzähne kommen, etwa mit zehn Monaten, empfohlen wird. Häufig stillen sich Kinder um diesen Zeitpunkt herum von alleine ab und lösen sich gleichzeitig durch Krabbeln und Aufrichten ein Stück weiter von der Mutter.

9. BIS 12. MONAT

Morgens und abends nach den Mahlzeiten und eventuell noch nachts stillen. Durch Zahnen oder Krankheit kann sich das Bedürfnis des Kindes nach Zuwendung erhöhen. Kinder mit Magenfeuer empfinden das Zahnen schmerzhaft. Es tut ihnen gut, wenn sie morgens etwas Erfrischendes wie Joghurt, Dickmilch oder Sojamilch bekommen. Wenn Kinder außerhalb der Zeiten des Zahnens Speichelfluß haben, ist dies ein Zeichen von zuviel Feuchtigkeit der Milz. Wenn Kinder anfangen zu stehen, können sie etwas Meersalz, Sojasoße oder Miso bekommen. Die Salzmenge für ein Kind beträgt ein Viertel der Salzmenge für Erwachsene. Falls das Kind dann wieder krabbelt, kann das Salz noch einmal weggelassen werden.

12. BIS 24. MONAT

Die Konsistenz der Kindernahrung kann der Erwachsenenernährung angeglichen werden. Etwa ein Viertel der Nahrung kann noch aus Brei bestehen, zum Beispiel mögen Kinder gerne einen Frühstücksbrei.

Resteessen und Restekochen sind für Kinder nicht geeignet. Besonders Suppen und Gemüsespeisen verlieren ihre Vitalität sehr schnell. Vor allem in der Kinderernährung ist es wichtig, diese immer frisch zuzubereiten.

Heutzutage geht der Trend bei sich bewußt ernährenden Eltern in Richtung Vollwert- und Naturkost. Durch zuviele Getreidespeisen, schweres und feuchtes Vollkornbrot ist der kindliche Verdauungstrakt, besonders bei Kleinkindern, überfordert. Da sie nicht genügend kauen, wird der Organismus häufig übersäuert.

Kinder lieben schönes Essen, das appetitlich aussieht und alle ihre Sinne befriedigt und anregt. Es kann hauptsächlich aus süßen Erdenahrungsmitteln bestehen, aber in diesem Alter mögen viele Kinder schon herzhafte oder säuerliche Speisen. Wurst und große Mengen Käse sind wegen des hohen Salzgehaltes für Kleinkinder nicht geeignet. Sie haben große Zuckergelüste zur Folge.

Snacks und Säfte vor den Mahlzeiten schmälern den gesunden Appetit.

Für Kinder ist ein regelmäßiger Lebens- und Eßrhythmus wichtig, um ihre Nahrung, die sie nicht nur als Energiespender, sondern auch zum Wachstum benötigen, gut verdauen zu können.

Umfragen haben ergeben, daß Kindern das gemeinsame Essen und Beisammensein am Familientisch viel bedeutet. Sie wünschen sich nicht nur ein leckeres Essen, sondern auch Blumen oder eine Kerze auf dem Tisch.

Bis zur Kindergarten- oder Schulzeit ist es noch möglich, Einfluß auf die Ernährung der Kinder zu nehmen. Dies ist eine Möglichkeit, ihnen eine gesunde Basis zu geben. Ist ein Kind kräftig und gesund und bekommt es weiterhin zu Hause eine gesunde, natürliche Ernährung, wird es ab und zu Süßigkeiten in der Schulzeit, bei Freunden oder auf Festen genießen können, ohne gesundheitlichen Schaden zu nehmen. Kinder lernen in den ersten Jahren fast ausschließlich durch die Vorbilder der Eltern. Wer nicht bereit ist, selbst auf eine gesunde Ernährung zu achten, darf nicht von seinen Kindern erwarten, daß sie zum Beispiel auf Süßigkeiten verzichten. Wenn Kinder den Wunsch äußern, zu MacDonald's zu gehen, ist es an der Zeit, die eigenen Kochkünste zu überprüfen und vielleicht zu Hause Pommes frites mit guten Zutaten herzustellen. Alle Kinder lieben Pommes frites, Spaghetti, Süßigkeiten und Nachtisch. Werden diese Wünsche zu Hause befriedigt, können Kinder außerhalb des Hauses leicht darauf verzichten. Zu Hause können sie für alle und in guter Qualität hergestellt werden.

WAS ALLE KINDER MÖGEN

POMMES FRITES

ERDE: dicke, festkochende Kartoffeln

ERDE: Kokosfett

Die geschälten Kartoffeln werden in Pommes frites mit dem Messer oder einer Handmaschine geschnitten. Danach werden sie kurze Zeit in ein Küchentuch zum Trocknen gelegt. Anschließend eine gute Qualität Kokosfett im Fritiertopf erhitzen und die Kartoffelstäbchen goldgelb fritieren. Auf Küchenkrepp abtropfen lassen. Auf Wunsch eine gute Qualität Ketchup und/oder Mayonnaise dazu servieren.

FRUCHTSCHNITTEN

FEUER: 1 Teelöffel Kakao

ERDE: 200 g Trockenpflaumen (eingeweicht, abgetropft und püriert)

ERDE: 60 g Honig

ERDE: 100 g Haselnüsse (grob gemahlen)

METALL: 60 g Nackthafer (geröstet und feingemahlen)

METALL: abgeriebene Apfelsinenschale

METALL: 1/2 Teelöffel Zimtrinde (feingemahlen)

Vermische alle Zutaten miteinander, bis sich eine

feste Masse gebildet hat. Der Nußanteil kann bei
Bedarf noch erhöht werden. Dann wird die
Mischung auf Oblaten gestrichen und mit weiteren
Oblaten abgedeckt. Sie werden über Nacht unter
eine Beschwerung (Brett und Stein) gelegt und am
nächsten Tag in Stücke geschnitten.

WAFFELN UND PFANNKUCHEN

ERDE:	500 g Dinkelmehl (fein gemahlen)
ERDE:	1 Ei
ERDE:	2 Eßlöffel Mandelmus oder Erdnußmus
ERDE:	Ahornsirup
ERDE:	bei Belieben Rosinen
METALL:	Zimtrinde (feingerieben)
WASSER:	1 Prise Meersalz oder Mineralwasser
WASSER:	Wasser

Das Mehl wird in eine Schüssel gegeben und in die
Mitte eine Mulde gedrückt. Dann werden alle
Zutaten hineingegeben und mit soviel Wasser/
Mineralwasser verrührt, bis die gewünschte
Konsistenz erreicht ist. Der Teig kann zugedeckt ein
paar Stunden stehen. Eventuell muß vor dem
Backen noch etwas Wasser hineingerührt werden.
Die Waffeln werden wie gewohnt im Waffeleisen
gebacken und können mit verschiedenen Zutaten
variiert gegessen werden: *geschlagene Sahne,
Marmelade, Apfelmus, Apfel-Birnenkraut.*
Für die Zubereitung von Pfannkuchen ist es besser,
das Nußmus wegzulassen, es kann zum Kleben in
der Pfanne führen. Es können feine Apfelringe
vorbereitet werden, die sofort auf den Teig in die
Pfanne verteilt und mitgebraten werden.

OMAS SCHOKOLADENPUDDING

FEUER: 200 g Kuvertüre oder Blockschokolade ohne
Zuckerzusatz (Bioladen) kleinhacken und in einen
Topf legen.

ERDE: 1/2 l Milch mit

ERDE: dem ausgekratzten Mark von 2 Vanilleschoten,
den Schoten und

METALL: 1 Prise feingeriebener Zimtstange und

WASSER: 1 Prise Meersalz zum Kochen bringen.
Die Schoten herausnehmen, die kochende Milch
über die Schokolade gießen und auf kleiner Flamme
solange rühren, bis sich die Schokolade aufgelöst
hat.

FEUER: 1 Eßlöffel Kakao

ERDE: 1/4 l Milch

ERDE: 70 g Speisestärke und

ERDE: 6 Eßlöffel Ahornsirup
glattrühren, zur Schokoladenmilch geben und noch
einmal aufkochen lassen.
Dessertschalen mit kaltem Wasser ausspülen und
den Pudding zum Erkalten hineinfüllen.

»Wo beginnt der Frieden?
An der Quelle unserer Gedanken
im Strom unseres Wollens
im Überfluß unseres Herzens.«

- G. Furtenbacher

Bewußte Ernährung mit natürlichen Lebensmitteln ist aktiver Umweltschutz. Durch den Kauf und die Nachfrage nach natürlichen Produkten unterstützen wir die biologische und dynamische Anbauweise, wodurch Luft, Erde und Wasser von schädlichen Zusätzen freigehalten werden. Ernährung und Landwirtschaft sind eng miteinander verbunden. Cultura, lateinisch: Ackerbau, deutet darauf hin, daß Bodenbewirtschaftung gleichzeitig Entwickeln und Tragen von Kultur heißt.

»Das oberste Ziel des Gartenbaus«, sagt Fukuoka, »ist nicht der Anbau von Feldfrüchten, sondern die Kultivierung und Perfektion menschlicher Wesen. Er spricht von Landwirtschaft als einem Weg, hier zu sein. Eine Landwirtschaft, die heil ist, nährt die ganze Person, Körper und Seele. Wir leben nicht vom Brot allein.«

- aus: Der große Weg hat kein Tor, Masanobu Fukuoka

Bewußte Ernährung ist ein Beitrag zur Lösung des Welthungers. Die Hungerprobleme der sogenannten Dritten Welt erwachsen, wie wir alle wissen, vielerorts aus der Zweckentfremdung der Eigenproduktion. Heutzutage werden wertvolle Ackerflächen in den Entwicklungsländern zur Erzeugung von Viehfutter, Tabak, Tee oder anderen Genußmitteln mißbraucht. Während die Menschen dieser Länder hungern, leben wir im Überfluß. Verzichten wir auf weit entfernt erzeugte Produkte, sparen wir außerdem die Energie des Transportes, wobei die Umwelt geschont wird.

Statistisch gesehen braucht kein Mensch dieser Erde zu hungern. Der Verzicht auf übermäßigen Fleischkonsum durch Zivilisationsländer ist ein Weg, Nahrungsenergie sinnvoll zu verteilen. Auf dem Umweg Pflanze - Tier - Mensch geht viel Energie verloren. Die Landfläche, die einen Fleischesser ernährt, sättigt eine sieben- bis zehnköpfige Familie, die sich vegetarisch ernährt.

Nahrungsproduktion hängt oft vom wirtschaftlichen Status oder vom Glauben eines Volkes ab. Wir haben auf dem Planeten Erde jetzt einen Punkt erreicht, an dem wir uns von diesen alten, überholten Mustern trennen müssen.

»Der Gedanke im Neuen Zeitalter wird sein:
Wir sind alle eins.«

- Gloria Lee

RADIOAKTIVITÄT

»Die Entfesselung der Atomkraft hat alles außer unserer Denkkraft verändert. Eine neue Art zu denken ist notwendig, wenn die Menschheit die Katastrophe überleben soll.«

- Albert Einstein

Wenige Jahre nach Tschernobyl - ich erinnere an Möglichkeiten, uns mit erhöhter radioaktiver Strahlung zu arrangieren.

Die Aufnahme radioaktiver Stoffe vom Boden in die Pflanze hängt von vielen Faktoren, wie zum Beispiel Bodenart, pH-Wert, Düngungsmethoden, Art des Anbaus und so weiter, ab. Da für Mensch und Umwelt die toxische Gesamtsituation relevant ist und wir wissen, daß sich negative Folgen von Schadstoffen oft gegenseitig verstärken und potenzieren, ist es wichtig, biologischen Landbau aktiv zu fördern.

Eine ganzheitliche, harmonische und ausgewogene Ernährung und ein naturbezogener Lebensstil haben eher eine Schutzwirkung als der Verzehr einiger spezieller Nahrungsmittel, sozusagen als Pille gegen Strahlung. Verschiedene holistisch (ganzheitlich) orientierte Ernährungsempfehlungen betonen den Verzehr von Produkten, die unser Verdauungssystem stärken. Wir können durch sorgfältiges Kauen, Haraübungen(die unsere Konzentration in die Mitte des Körpers/Bauch) lenken zur Stärkung unserer Bauchmuskulatur und durch Warmhalten des Harabereiches unser Verdauungssystem zusätzlich unterstützen. Unsere Nieren und unsere Leber, die für die Entgiftung unseres Körpers sorgen, sowie unser Immunsystem sollten während Zeiten größerer radioaktiver Belastung generell durch eine gesundheitsfördernde Ernährung unterstützt werden. Eine vollständige Versorgung unseres Körpers mit Calcium ist sehr wichtig. Bei einem Mangel an Calcium bindet der menschliche Organisums vermehrt radioaktives Strontium ein. Er kann es nicht von natürlichem Calcium unterscheiden.

Das Vermeiden von extrem wirkenden und stimulierenden Nahrungs- und Genußmitteln hilft unserem Organismus, in Zeiten größerer Belastung im Gleichgewicht zu bleiben.

VOLLKORNGETREIDE, HÜLSENFRÜCHTE UND GEMÜSE

Getreidekörner besitzen im Vergleich zu Stengeln und Blättern der Getreidepflanze nur 10 % der Aufnahmeaktivität von Strontium 90, das von der Pflanze aus dem Boden absorbiert wird und ungleichmäßig angelagert wird. Folsäure, die im unbeschädigten Naturreiskorn unmittelbar unter der Silberhaut zu finden ist, hat gegenüber radioaktiven Substanzen bindende Eigenschaften.

Hülsenfrüchte und Bohnen versorgen uns in der Ergänzung mit Vollgetreide mit allen essentiellen Aminosäuren, so daß wir auf große Mengen Fleisch, Kuhmilch und Milchprodukte verzichten können. Cäsium 137 wird vorwiegend in der Muskulatur des Fleisches angelagert. Jod 131 tritt vermehrt in Milch und deren Produkten auf.

Land- und Meeresgemüse sind reichhaltig an Vitaminen und Mineralien. Bevorzugt harte Blattgemüse, Wurzelgemüse und Wildgemüse sowie kleine Mengen milchsaures Gemüse sind für den täglichen Verzehr geeignet. Meeresgemüse bestehen in der Hauptsache aus Alginsäure. Sie besitzt die Eigenschaft, im menschlichen Organismus Schwermetalle und radioaktive Substanzen mit einer enormen Fassungskapazität zu binden. Diese Stoffe können dann in einer stabilen und unlöslichen Verbindung unseren Körper verlassen.

VORRÄTE

Wir leben in einer Zeit gewaltiger, globaler Veränderungen. Durch die Zerstörung des ökologischen Gleichgewichtes in der Natur kann es zu Naturkatastrophen kommen, die Landwirtschaft und Ernten beeinflussen. Plötzliche Nahrungsmittelknappheit oder höhere Preise können die Folgen sein. Dies kann sich vor allem in Städten und Großstädten verheerend auswirken und die betroffenen Menschen in Panik und Abhängigkeit versetzen. Wer im Überfluß lebt, denkt nicht an Hunger, daher empfehle ich, Grundnahrungsmittel für einige Zeit einzulagern. Dazu eignen sich vor allem: alle Vollkorngetreide, Hülsenfrüchte und Samen sowie Milchsaures, Meeresgemüse und in Gläsern Eingewecktes.

DIE AUTORIN

Martha P. Heinen suchte während langjähriger Berufstätigkeit als Zahnarzthelferin nach Zusammenhängen zwischen den Ernährungsgewohnheiten der Patienten und dem Zustand ihrer Zähne und Kieferform. Auf Reisen beobachtete sie die Eß- und Lebensgewohnheiten anderer Kulturen. Seit 1984 ist dann das Interesse für natürliche und lebensbejahende Ernährungsformen ganz in den Mittelpunkt ihres Lebens gerückt, und sie entschied sich für eine Ausbildung in Makrobiotik in den USA mit den Schwerpunkten Kochen und Shiatsu. 1986 kam sie mit der traditionellen chinesischen Ernährung, basierend auf dem Prinzip der Fünf Elemente, in Berührung. Durch diese Studien fand sie Hinweise auf eine Ernährung, die auf traditionellen Erfahrungen beruhen und aus Kulturen mit einer langwährenden Identität stammen. Während sich westliche Ernährungssysteme mit dem Erforschen einzelner Nahrungsbestandteile sowie der Wirkung von speziellen Diäten auseinandersetzen, liegt in östlichen Ideen der Schwerpunkt auf Ganzheitlichkeit und dem Ausgleich und der Harmonisierung von Energiezuständen. Martha P. Heinen praktiziert seit 1984 Kochen mit den Fünf Elementen und gibt ihr Wissen in Vorträgen, Seminaren und Beratungen weiter.

KOCHSEMINARE UND ERNÄHRUNGSBERATUNGEN.

Wenn Sie Kontakt mit Martha P. Heinen aufnehmen, Kursunterlagen anfordern oder sich über Einzelberatungen informieren möchten, dann schicken Sie Ihre Anfrage zusammen mit einem adressierten und ausreichend frankierten Rückumschlag an folgende Adresse:

Windpferd Verlag
„Fünf Elemente"
Postfach
D-87648 Aitrang

Anhang

GETREIDE UND HÜLSENFRÜCHTE

☼ Amaranth
Reis, süßer
Sago

☯ Hirse
Mais, Polenta
Reiskleie

◐ Gerste
Mehle, Flok-
ken, Grütze
Hefebrot
Perlgraupen
Reissprossen
Weizenkleie
Gerstensprossen

❄ Mungboh-
nensprossen

NÜSSE

☼ Eßkastanie
Kokosmilch
Kürbiskerne
Pinienkerne
Pistazie
Walnuß

☯ Erdnuß
Haselnuß
Kokosnuß-
fleisch
Mandel
Sesam

◐ Cashewnuß
Sonnenblu-
menkerne

GEMÜSE

☼ Boretsch
Fenchel
Kürbis
Möhre
Süßkartoffel

☯ Avocado
Buschbohne
Erbse
Funghus
Kartoffel
Kohl, alle Sorten
Rübe
Shitakepilz
Tarowurzel
Topinambur
Yamswurzel

◐ Aubergine
Blumenkohl
Brokkoli
Champignon
Chinakohl
Gemüsepaprika
Gurke
Knopfpilz
Lotoswurzel
Mangold
Paprika
Schwarzwurzel
Sellerie
Spinat
Zucchini

❄ Bambussprossen
Spargel

OBST

☼ Aprikose
Korinthe
Litschi
Longan
Pfirsich
Rosine
Süßkirsche
Traube, rote

☯ Ananas
Dattel
Dattel, chin.
rote, getrock-
net
Feige
Honigmelone
Papaya
Pflaume (alle
süßen Sorten)

◐ Apfel
Birne
Brombeere
Erdbeere
Heidelbeere
Himbeere
Wasserkastanie

❄ Banane
Kaki
Karambole
Mango
Maulbeere
Wassermelone

FLEISCH

☯ Kalb
Rind
Rinderleber

MILCHPRODUKTE

☯ Butter
Dickmilch,
süße
Eigelb
Joghurt, süßer
Käse, hoher
Fettgehalt
Kuhmilch
Sahne, süße
◗ Eiweiß

SONSTIGES

☯ Schwalbennest
◗ Seitan, Wei-
zengluten
Tofu

GEWÜRZE, ÖLE
UND SÜSSMITTEL

❁ Zimtpulver
☼ Amasake
Vanille
Walnußöl
☯ Erdnußöl
Gerstenmalz
Honig
Malz
Marzipan
Rohrzucker
Safran
Süßholz
Zucker, weiß u.
braun
◗ Ahornsirup
Distelöl
Estragon
Kuzu, (Wild-
pfeilwurzelmehl)
Olive, Olivenöl
Reismalz
Sesamöl
Sojaöl
Sonnenblumen-
öl
Weizenkeimöl

GETRÄNKE

☼ Alkohol, süßer
Honigwein
Likör
Mirin (Reis-
likör)
Traubensaft
Wein, süßer
☯ Malzbier
◗ Gemüsesaft
Sojamilch

KRÄUTERTEES

❁ Fencheltee
☼ Angelikawur-
zel, chin. Ra-
dix Angelicae
sinensis
Kümmeltee
Weißdornfrüchte
☯ Maishaartee
Süßholztee
◗ Breitwegerich-
blätter
Kamillentee
Lilienblüte,
chinesische
✳ Breitwege-
richsamen
Geißblatt-Tee

GETREIDE

☼ Hafer

🌢 Reis

GEMÜSE

◉ Zwiebel, rot

☼ Frühlingszwiebel

Lauch

Meerrettich

Paksoi, Senfblätter

Schalotte

Zwiebel

🌢 Brunnenkresse

Kohlrabi

Radieschen

Rettich, weißer

Steckrübe

❋ Kresse

MILCHPRODUKTE

☼ Harzer Käse

Käse, stark fermentiert

Münsterkäse

Schimmelkäse

FLEISCH	*GEWÜRZE*	*GETRÄNKE*

FLEISCH

☼ Fasan
Hirsch
Rebhuhn
Reh
Wachtel
Wildschwein

☯ Gans
Pute
Taube
Truthahn

💧 Hase

GEWÜRZE

❀ „Fünf Gewürze"
Cayennepfeffer
Chili
Curry
Fenchelsamen
Ingwer, getr.
Muskatnuß
Nelke
Peffer, rot/schwarz
Piment
Sternanis
Tabasco
Zimtrinde

☼ Basilikum
Dill
Dillsamen
Gelbwurz
Gewürzpaprika
Ingwer, frisch
Kapern
Kardamom
Knoblauch
Koriander
Kreuzkümmel
Kümmel
Liebstöckel
Lorbeerblätter
Majoran
Mandarinen-
schale, getr.
Orangenschale
(getrocknet)
Petersilie
Schnittlauch
Senf
Tumeric

GETRÄNKE

❀ Alkohol, hoch-
prozentiger
Cognac
Glühwein
Korn
Schnaps
Whisky
Wodka

☼ Sake

💧 Champagner
Weißwein,
trocken

KRÄUTERTEES

❀ Yogitee

☼ Ingwer

Zimtzweige

💧 Pfefferminz

☯ HÜLSENFRÜCHTE	✳ MEERESGEMÜSE	◗ SONSTIGES
Adukibohne	Agar-Agar	Räuchertofu
Erbse	Alge	Tempeh
Linse	Dulse	
Nierenbohne	Hiziki	
Saubohne	Kelp	
Sojabohne, rote	Kombu	
Sojabohne, schwarze	Nori	
Stangenbohne	Wakame	
◗ Sojabohne, gelb		
Bohne, getr.		
Hülsenfrucht, getrocknet		
Kichererbse		
✳ Mungbohne		

FISCH

☀ Aal
Anchovis
Barsch
Forelle
Garnele
Hummer
Kabeljau
Lachs
Languste
Miesmuschel
Räucherfisch
Sardelle
Scholle
Schrimps
Thunfisch
☯ Haifisch
Hering
Karpfen
Makrele
Sardine
Stör
❄ Austern
Kaviar
Krabbe
Krebs
Muschel, zwei-
schalige
Tintenfisch

FLEISCH

☯ Schweinefleisch
Schweinenieren
❄ Knochenmark
vom Schwein

GEWÜRZE

❄ Miso
❄ 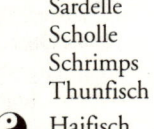 Salz/
Meersalz
(abhängig von
der Kombinati-
on mit anderen
Nahrungsmit-
teln)
Sojasauce,
Shoyu und Ta-
mari

GETRÄNKE

❄ Mineralwasser
Quellwasser
ohne Kohlen-
säure

GETREIDE UND HÜLSENFRÜCHTE

 Grünkern

 Backferment
Dinkel
Hefe
Kisiel
Sauerbrotteig
Weizen

NÜSSE

 Lotosnüsse

GEMÜSE

 Bärlauch

 eingelegt in
Essig
Essiggurke
milchgegorene
Gemüse
Sauerkraut
Tomate

❄ Sauerampfer

OBST

 Fructus Lycii

Apfelkompott
Beerenfrüchte
Brombeere
Erdbeere
Heidelbeere
Johannisbeere
Mandarine
Orange
Preiselbeere
Sauerkirsche
Stachelbeere
unreifes Obst
und unreife
Beerenfrüchte
Zitrone

 Kiwi
Rhabarber

MILCHPRODUKTE

☯ Quark

⬤ Dickmilch, sauer

Frischkäse
Joghurt, sauer
Kefir
Sahne, sauer
Sauermilch
Schweden-
milch

FLEISCH

☼ Hähnchen
Huhn
Hühnerleber

☯ Hühnermagen

❄ Ente

GEWÜRZE

☼ Balsamessig
Weinessig

⬤ Brottrunk
Kwass

GETRÄNKE

☼ Kirschsaft

⬤ Fruchtsaft,
frischer
Sauerkrautsaft
Weizenbier,
mit oder ohne
Hefe

KRÄUTERTEES

⬤ Früchtetee
Hagebuttentee
Hibiskustee
Malventee

FEUER - DER BITTERE GESCHMACK UND SEINE THERMISCHEN EIGENSCHAFTEN

GETREIDE	GEMÜSE	OBST
☼ Buchweizen 💧 Roggen	☯ Alfalfa, Luzerne-Sprossen Rosenkohl 💧 Artischocke Feldsalat Rote Bete ✳ Bataviasalat Chicorée Eisbergsalat Endivie Gänseblümchen Klettenwurzel Kopfsalat, grün Löwenzahnblätter Löwenzahnwurzel Radicchio Romana-Salat	💧 Holunderbeere Pampelmuse Quitte

250

FLEISCH

☀ Hammel
   Lamm
   Schaf
   Ziege
☼ Lammnieren

MILCHPRODUKTE

☼ Schafskäse
   Ziegenkäse
   Ziegenmilch

GEWÜRZE

☀ Bockshornklee-
   samen
☼ Curcuma
   Kakao
   Mohn
   Oregano
   Rosenpaprika
   Rosmarin
   Thymian
   Wacholderbeere

GETRÄNKE

☼ Kaffee
   Kakao
   Rotwein, trok-
   kener
◗ Getreidekaffee
❋ Grüner Tee
   Guinness
   Pils
   Schwarzer Tee

KRÄUTERTEES

☼ Beifuß
◗ Chrysanthe-
   menblüten,
   chinesische
   Hopfen
❋ Baldrian
   Brombeerblät-
   ter
   Eisenkraut
   Enzianwurzel
   Frauenmantel
   Schafgarbe
   Wermut

Rezeptindex

Aivanhov, Omraam Mikhael: *Yoga der Ernährung*. Prosveta Verlag,Bern, Schweiz

Altner, Günter, Carl Amery, Robert Jungk, Jürgen Schneider: *Lebensele-mente Feuer, Wasser*. Herder Verlag, Freiburg 1985

Aschoff, Dr. med. D.: *Ist die magnetische Ausrichtung oder Polarisation ein Grundelement von Gesundheit und Leben?* Institut für Prophylaxe-forschung, D-Moos 1984

Ballentine, Rudolph, M. D.: *Diet & Nutrition*. A holistic approach. The Himalayan International Institute, Seventh Printing 1982

Buchwald, Dr. med. Gerhard: *Impfen*. emu Verlag für Ernährung, Me-dizin und Umwelt, Lahnstein 1991

Butt, Gary, Frena Bloomfield: *Harmonie von Körper und Geist*. Wilhelm Heyne Verlag, München 1986

Chales-de Beaulien, Berthold: *Tiere diesseits - Tiere jenseits*. Verlag Zwei-tausendeins

Chia, Mantak: Tao Yoga. *Praktisches Lehrbuch zur Erweckung der heilen-den Urkraft Chi*. Ansata Verlag, Interlaken, Schweiz 1985

Flaws, Dr. med. Bob: *Turtle Tail And Other Tender Mercies*. Traditional Chinese Pediatrics. Blue Poppy Press 1985, 2140 St. Pine Boulder, CO 80302 USA

Flaws, Dr. med. Bob, H. Lee Wolfe: *Das Yin und Yang der Ernährung*. O. W. Barth Verlag 1992

Fukuoka, Masanobu: *Der große Weg hat kein Tor*. Nahrung, Anbau, Le-ben. Pala Verlag GmbH 1975

Galindo, Vera, Michael Daemisch: *Menschliche Genüsse zwischen Him-mel und Erde*. Natural Food Press

Goebel, Wolfgang, Michaela Glöckler: Kindersprechstunde. Verlag Urachhaus, Stuttgart 1984

Grander, Johann: *Naturforscher und Erfinder*. Herausgeber: Umwelt-Ver-triebs-Organisation, Pfarrhügel 293, Seefeld

Griscom, Chris: *Der weibliche Weg*. Goldmann Verlag 1991

Günther, Winfried: *Das Buch der Vitamine*. Verlag Bruno Martin 1984

Hacheney, Friedrich: *Levitiertes Wasser in Forschung und Anwendung*. Dingfelder Verlag 1992

Haller, Albert von: *Gefährdete Menschheit*. Ursache und Verhütung von Degeneration, 6. Auflage, Hippokrates Verlag, Stuttgart 1986

Jong, Vreni de: *Kinderernährung - gesund und lecker.* Verlag Freies Geistesleben 1993

Kaptchuk, Ted J.: *Das große Buch der chinesischen Medizin.* O. W. Barth Verlag 1988

Koteen, Judi Pope: Ramtha: *Der letzte Walzer der Tyrannen.* In der Tat Verlag, Peiting 1990

Kühne, Andreas: Mikrowellen. *Hinweise auf Gesundheitsgefährdungen.* Verlag Institut für Mensch und Natur e. V., Verden 1987

Kushi, Aveline und Wendy Esko: *The changing Seasons.* Macrobiotic cookbook. Avery Publishing Group Inc., Wayne, USA

Kushi, Michio: *Der makrobiotische Weg.* Verlag Hermann Bauer, Freiburg 1986

Kushi, Michio: *Die Kushi Diät.* Verlag Droemer Knaur, München 1984

Lad, Vasand: *Grundlagen der ayurvedischen Kochkunst.* Windpferd Verlag, Aitrang 1990

Leung, Albert Y.: *Chinesische Heilkräuter.* Diederichs Gelbe Reihe 1985

Miranda-Luizaga, Jorge: *Das Sonnentor.* Vom Überleben der archaischen Andenkultur. Verlag Dianus-Arikont, 1. Auflage, München 1985

Morningstar, Amadea, Urmila Desai: *Die Ayurveda Küche.* Wilhelm Heyne Verlag, München 1992

Nikitni, Boris und Lena: *Vom ersten Lebensjahr bis zur Schule.* Verlag Kiepenheuer & Witsch, Köln 1977

Pálos, Stephan: *Chinesische Heilkunst.* O. W. Barth Verlag 1984

Reid, Daniel P.: *Chinesische Naturheilkunde.* Verlag Orac Ges.mbH & Co.KG, Wien 1988

Rossaint, Alexander L.: *Ganzheitliche Zahnheilkunde.* Haug Verlag, Heidelberg 1985

Schnorrenberger, Claus C.: *Lehrbuch der chinesischen Medizin für westliche Ärzte.* Hippokrates Verlag, Stuttgart 1985

Shree Rajneesh: *Die verborgene Harmonie.* Vorträge über die Fragmente des Heraklit. Rajneesh Verlag, Köln

Shurtleff, W., A. Aoyagi: *Das Tofu Buch.* Nahrung für alle. Band 2, Ahorn Verlag, Soyen 1981

Temelie, Barbara: *Ernährung nach den Fünf Elementen.* Joy Verlag, Sulzberg 1992

Temelie, Barbara, Beatrice Trebuter: *Das Fünf Elemente Kochbuch.* Joy Verlag, Sulzberg 1993

255

Evelyn Thomsen

Die spirituelle Wellnesskur

Das Geheimnis innerer und äußerer Schönheit und Vitalität mit Edelsteinen, Edelsteinkosmetik, Farbtherapie, Farbfrischkost und Farbdrinks

Wenn Sie sich wohlfühlen, fit sein und eine gesunde Haut haben möchten, dann ist dieses Buch genau das richtige für Sie.
Hier erfahren Sie, wie sich Edelsteine, Edelsteinkosmetik und die farblich entsprechende Frischkost ergänzen und wie sie zum Wohlbefinden des Menschen in seiner Ganzheit beitragen. Durch die feinstofflichen Edelsteinenergien und die gezielte Versorgung des Körpers mit den Vitalstoffen und Farbschwingungen bestimmter Früchte und Gemüse tritt ein umfassender Reinigungs- und Transformationsprozeß ein, was sich nicht zuletzt am „Spiegel" Haut ablesen läßt.

128 Seiten, DM 19,80, SFr 19,00
ÖS 145,00 ISBN 3-89385-179-8

Takeo Mori · Dragan Milenkovic

Die Geheimnisse der japanischen Astrologie

Ein einführendes Handbuch zur Persönlichkeitsanalyse und Partnerwahl · Fünf Elemente, neun Sterne und zwölf Tierkreiszeichen weisen den Weg zur richtigen Entscheidung

Dieses Buch ist eine kurze Einführung in das bei uns noch relativ unbekannte System der japanischen Astrologie, das in Japan in jedem Haushalt zu finden ist. Tabellen, Diagramme und klare Deutungen informieren über die Zahlen, Farben, Elemente, Tierzeichen und Sterne, die in diesem faszinierenden System der Schicksalsvorhersage für unser Leben eine bestimmende Rolle spielen. Besonders spannend sind die Verbindungen zum Fünf-Elemente-System und den Neun Sternen des Feng-Shui.

128 Seiten, DM 16,80, SFr 16,00
ÖS 123,00 ISBN 3-89385-145-3